本书为中国农业科学院科技创新工程（10-IAED-06-2024）的研究成果

公平贸易减贫与乡村善治

GONGPING MAOYI JIANPIN
YU XIANGCUN SHANZHI

王丽红　著

中国农业科学技术出版社

图书在版编目（CIP）数据

公平贸易减贫与乡村善治 / 王丽红著 . --北京：中国农业科学技术出版社，2024.11. --ISBN 978-7-5116-7216-2

Ⅰ . F323.8

中国国家版本馆 CIP 数据核字第 2024BT2027 号

责任编辑　倪小勋
责任校对　马广洋
责任印制　姜义伟　王思文

出　版　者	中国农业科学技术出版社
	北京市中关村南大街 12 号　　邮编：100081
电　　　话	（010）62111246（编辑室）　　（010）82106624（发行部）
	（010）82109709（读者服务部）
网　　　址	https://castp.caas.cn
经　销　者	各地新华书店
印　刷　者	北京建宏印刷有限公司
开　　　本	170 mm×240 mm　1/16
印　　　张	12.5
字　　　数	230 千字
版　　　次	2024 年 11 月第 1 版　2024 年 11 月第 1 次印刷
定　　　价	55.00 元

◆◆◆ 版权所有·翻印必究 ◆◆◆

前　言

消除极端贫困是全球广泛关注的议题和共同努力的目标。改革开放以来，特别是脱贫攻坚阶段我国减贫实践取得了举世瞩目的成果，为全球减贫事业贡献了中国经验。然而，当前我国仍有大量的农村脱贫人口处于贫困的边缘，具有较高的返贫风险，处于相对贫困的状态。已有研究显示小农户占相对贫困人口的大多数，具有人数多、相对贫困程度深等特点。在中国式现代化和共同富裕发展目标下，小农户可持续减贫增收和有效参与乡村治理是社会各界关注的焦点，如何实现小农户与农业农村现代化有效衔接，如何建立小农户相对贫困的长效治理机制，如何提高小农户参与乡村公共管理服务的意愿和能力，对于实现全体人民共同富裕和中国式现代化具有重要的现实意义。

公平贸易减贫是国际公平贸易联盟通过建立公平贸易规则，以道德消费和良好生产规范为基础，建立消费者与生产者的良性互动关系，加强产业链整合，保障农民专业合作社获得更加稳定的收益，通过农民生产性合作组织带动小农户进入大市场，加强能力建设，提高小农户参与乡村建设与治理、改善生态环境的国际减贫实践。公平贸易减贫与其他国际合作减贫实践不同之处在于：一是摒弃直接给予的方式，让小农户更加有尊严地增加收入。小农户通过生产高品质的农产品而获得增收，自食其力地获得劳动所得，这使小农户增收更加体面，弘扬了"幸福是奋斗出来"的勤劳致富思想。二是破解小农户进入大市场的难题，公平贸易推动贫困地区小生产者、小农户组织起来，促进农民专业合作社与国际公平贸易商合作，以市场需求为牵引，在产业链整合过程中加强对农民专业合作社的销售渠道、联农带农、财务规范、内部治理等方面建设，促进农民专业合作社规范发展。三是建立高收入消费者与贫困地区生产者之间的互信互惠关系。公平贸易组织作为第三方平台，通过严格的公平贸易规则，搭建消费者与生产者之间互信互惠的第三方平台基础，并通过消费支持农业的方式，促进生产者实现良好的种植规范，为消费者提供优质的农产品，同时消费者通过简单的购买行为帮助了贫困地区小农户，实现善举与需求同时满足。四是提高小农户参与公共事务的意愿和能力。与其他国际合作减贫实践共同之处在于公平贸易减贫运动也关注贫困地区可持续的全面减贫，除了小农户收入增长外，公平贸易还关注村庄环境改善、社区教育、基础设施建设、小农户发展和参与社区治理能力培养等，提高了乡村发展与治理水平。

目前国内学者对消费扶贫的关注和研究较丰富，但对由消费扶贫发展而来的公平贸易减贫模式的研究还比较少。本书针对减贫和乡村善治这两个中国和其他发展中国家实现农业农村现代化迫切需要解决的重要议题，较为系统完整地梳理了国际公平贸易运行的内在机制，剖析国际公平贸易运动作为市场化、制度化的减贫模式的组织体系、规范标准、运行机制、发展历程，从内生包容性增长理论视角，剖析了公平贸易减贫与乡村善治的实践路径，是国内首部基于理论与实践两个维度系统探讨国际公平贸易减贫与乡村善治专著。本书对国内参与国际公平贸易的实践进行了解析，实证分析了北京、上海等大城市消费者对公平贸易理念的认知与公平贸易产品的消费意愿，从生产者、消费者的不同层面分析了国内推动公平贸易面临的主要困难。通过实施北京市发展公平贸易促进低收入农户增收的试点试验项目，从实践层面进一步展示公平贸易在促进农户减贫增收、提升农户参与公共事务治理与服务等方面的运作机理和实现效果，为国内以政府主导的减贫模式提供有益补充，并为促进国内消费扶贫的制度化、规范化可持续发展提供参考模式，为推进农民专业合作社规范化发展和建立联农带农机制提供有益参考。

本研究进一步深化了对公平贸易理论与实践的认识。第一，公平贸易是制度化的消费扶贫模式。公平贸易组织从最初的道德消费者倡导的松散联盟，发展为一个有着专业的第三方组织体系和一套不断完善、精细化的制度体系，以及一系列包含生产、交易、环境标准的制度化、数字化的运行体系，实现了以道德消费引导生产者的规范生产。第二，公平贸易促进了贫困地区内生包容性增长。公平贸易通过整合供应链来解决贫困小农户与大市场有效衔接难的问题，以贸易的方式支持贫困地区小生产者组织收入稳定增长。公平贸易通过各种有针对性的农民技能培训、支持农民教育、开展走出去活动，以及帮助农民进行个人、农民合作组织的发展规划等，提高小农户自身生计能力、融资能力、抵抗自然风险能力。公平贸易为小农户赋能赋权，培育和提高了农民的公共意识和参与治理能力。第三，通过贸易的方式帮助小农户减贫的美好梦想还面临着总体规模比较小，社会影响力有限，公平贸易组织内部治理仍需完善，产业转型与市场竞争压力等内外部发展的残酷现实挑战。第四，公平贸易在中国发展具有独特优势和现实困难。中国发展公平贸易的优势表现在脱贫地区优质特色的农产品资源十分丰富，区域发展的不平衡性为公平贸易减贫提供了国内东西协作的基础，在我国减贫实践中已经有大量消费扶贫的实践探索。中国发展公平贸易的主要障碍是公平贸易发展的规模非常小、体系建设不完善，这与相对贫困地区农民组织起来的难度大，社会组织力量发展缓慢，国内消费者对公平贸易标签认知不足等有较大关系。

  本书建议从三个方面推动公平贸易减贫在中国的实践。首先，深化对公平贸易减贫与乡村善治的理论研究。深入剖析相关主体的博弈行为和制度演变的关系，构建一个相对完备的评估框架，并从理论层面回答一系列阻碍公平贸易在中国发展的实践问题。其次，引导公平贸易减贫与乡村善治实践在中国健康有序发展，重点培育公平贸易的推动主体，加强开展公平贸易理念宣传，针对不同消费群体开展不同的推广策略。最后，借鉴公平贸易实践经验完善我国消费扶贫机制，在推动消费扶贫的过程中，应注重加强组织体系、制度规范、标准体系、监督体系、品牌建设等方面系统化制度建设，逐步形成具有中国特色的消费帮扶机制，从而实现消费者与生产者的有机联结，帮助小农户建立良好的生产行为规范，以需求为导向的优质农产品生产模式，为相对贫困地区小农户开创一个具有减贫特质的高端消费者细分市场，为消费者提供了一个购买更安全农产品的消费渠道，实现相对贫困小农户与现代农业的有机衔接，同时唤醒农民参与公共事务的公共意识，提高农民参与乡村发展、建设与治理的能力，为乡村全面振兴提供有力支撑。

王丽红
2024年10月

目　录

第1章　引　言 ……………………………………………………… 1
 1.1　问题的提出 ……………………………………………………… 1
 1.2　研究的回顾与评述 ……………………………………………… 3
 1.3　总体分析框架 …………………………………………………… 10
 1.4　数据来源 ………………………………………………………… 11
 1.5　研究特点与创新之处 …………………………………………… 13

第2章　公平贸易的基本内涵 …………………………………… 15
 2.1　公平贸易产生的背景 …………………………………………… 15
 2.2　公平贸易的理念与运行机制 …………………………………… 17
 2.3　公平贸易运行机制 ……………………………………………… 26
 2.4　国际公平贸易的发展历程与特点 ……………………………… 36
 2.5　国际公平贸易发展的案例分析 ………………………………… 43

第3章　公平贸易减贫与促进乡村善治的主要路径 …………… 68
 3.1　公平贸易减贫与乡村善治的理论基础 ………………………… 68
 3.2　帮助小农户获得长期稳定收入 ………………………………… 70
 3.3　赋予贫困小农户更多的能力 …………………………………… 74
 3.4　赋权赋能小农户参与社区治理 ………………………………… 80

第4章　公平贸易在中国的发展 ………………………………… 86
 4.1　公平贸易在中国发展的总体情况 ……………………………… 86
 4.2　公平贸易在中国发展的典型案例 ……………………………… 88
 4.3　中国消费者支持公平贸易的意愿及影响因素 ………………… 95

第5章　北京市发展公平贸易促进低收入农户增收的现实需求 …… 107
 5.1　北京市低收入村和低收入农户基本情况 ……………………… 107
 5.2　北京市低收入村农产品供给侧分析 …………………………… 111
 5.3　北京市低收入村农产品流通渠道建设需求情况 ……………… 115

5.4　北京市低收入村产业发展面临的问题及原因 …………… 127
第 6 章　北京市发展公平贸易促进低收入农户增收的实践与经验 …… 129
　　6.1　北京市发展公平贸易促进低收入农户增收试点的背景 ……… 129
　　6.2　试点工作的目标与任务 ………………………………… 130
　　6.3　试点对象的选取 ………………………………………… 133
　　6.4　试点工作主要做法 ……………………………………… 136
　　6.5　北京市发展公平贸易促进低收入农户增收试点单位的
　　　　 探索与实践 …………………………………………… 148
　　6.6　试点工作取得主要成效与启示 ………………………… 155
　　6.7　试点工作遇到的主要问题 ……………………………… 158
　　6.8　进一步实践的思考与建议 ……………………………… 159
第 7 章　研究结论与对策建议 ……………………………………… 161
　　7.1　公平贸易是制度化的消费扶贫模式 …………………… 161
　　7.2　公平贸易促进贫困地区内生包容性增长 ……………… 162
　　7.3　公平贸易减贫与乡村善治的主要不足 ………………… 164
　　7.4　公平贸易在中国发展具有独特优势和现实困难 ……… 165
　　7.5　推动公平贸易减贫在中国实践的对策建议 …………… 168
附　录　北京市发展公平贸易促进低收入农户增收试点工作
　　　　 大事记 ………………………………………………… 171
参考文献 …………………………………………………………… 180
后　记 ……………………………………………………………… 191

第 1 章

引　言

1.1　问题的提出

　　消除极端贫困是全球广泛关注的议题和共同努力的目标。改革开放以来，特别是脱贫攻坚阶段我国减贫实践取得了举世瞩目的成果，为全球减贫事业贡献了中国经验。然而，当前我国仍有大量的农村脱贫人口处于贫困的边缘，具有较高的返贫风险，处于相对贫困的状态。已有研究显示小农户占相对贫困人口的大多数，具有人数多、相对贫困程度深等特点。在中国式现代化和共同富裕发展目标下，小农户可持续减贫增收和有效参与乡村治理是社会各界关注的焦点，如何实现小农户与农业农村现代化有效衔接，如何建立小农户相对贫困的长效治理机制，如何提高小农户参与乡村公共管理服务的意愿和能力，对于实现全体人民共同富裕和中国式现代化具有重要的现实意义。

　　公平贸易是通过建立一种基于对话、透明和尊重的贸易伙伴关系，追求国际贸易的更大公平性（Bacon，2005；刘婧 等，2013），构建新型南北贸易关系（曲如晓 等，2009；Strong，2015）。在自由市场经济条件下，大资本逐渐控制了全球农业产业链条，小农户失去了对于农业生产的控制权，小农户的地位不断弱化（梅琳 等，2015）。在这样的背景下，20 世纪中期欧洲发起了以帮助南部发展中国家消灭贫穷、保护环境为目的的公平贸易运动。经过 70 多年的发展，公平贸易基于道德消费理论，逐步形成了社会广泛参与的综合运用电子商务、追溯体系等现代化全产业链管理方式，帮助发展中国家弱势农民提升内生发展能力、保护环境的市场化制度安排，成为对传统贸易的有效制度补充。公平贸易标签运动是实现这一路径的良好方案，无论在时间、空间和文化方面，公平贸易都被证明是成功的精准扶贫模式。2015 年，联合国对公平贸易运动给予充分认可，认为公平贸易运动是全球扶贫领域的最佳社会实践之一。目前全球有75个国家的165万户小农户从中获益，大约2 700种产品在70多个国家销售，2016年社区返款近1.4亿欧元。

公平贸易具有较强的"造血"功能和城乡互利性。公平贸易为发展中国家弱势农户改善生活提供了持续的额外激励，并有效引导农户为市民提供安全农产品（Steinrucken et al.，2007）。与直接援助相比，公平贸易再分配效率相对较低，但是公平贸易为支持发展中国家弱势农户改善生活条件提供了一个持续的额外激励，并引导他们对生产过程进行有效控制（Steinrucken et al.，2007）。2015年联合国将公平贸易确定为世界减贫的最佳途径之一。

公平贸易为我国贫困农区质量兴农提供了有效的市场化和制度化解决方案。在我国一些贫困农区，现代农业面临的小农户与大市场有效衔接的难题始终未得到有效解决，农户因缺乏稳定的销售渠道，经常因市场风险致贫。近年来人们提出了"消费扶贫"和"电商扶贫"，其理念与公平贸易有相似性，但是仍停留在个别行动上，因此，非常有必要借鉴国际公平贸易机制促进贫困农区产业发展。

然而，公平贸易在我国的发展水平与我国独特的公平贸易市场条件相背离。公平贸易市场的特点是消费地在发达国家、生产地在发展中国家，我国既有高收入消费者也有贫困生产者。近年来，关于发展公平贸易促进减贫的研究日渐增加，为探索小农户与现代农业有机衔接和实现稳定增收的路径，2016—2018年，北京市农村经济研究中心在全国首家开展了发展公平贸易促进低收入农户增收试点，笔者有幸作为执行人和推动者，探索了北京市发展公平贸易减贫与促进乡村善治的实现路径，取得了较好的社会效果。撰写本书的主要初衷是将持续近3年的试点工作实践成果进一步深化为理论再认知，丰富社会组织参与乡村振兴、农民增收等重要领域的理论和实践。本书研究公平贸易运作机理及公平贸易减贫、农民参与乡村治理的促进作用，并剖析北京市发展公平贸易促进低收入农户增收试点工作的创新实践，凝练我国农民专业合作组织参与公平贸易的实践经验，透视公平贸易运行的关键环节和作用效果，为我国以市场机制和发挥社会组织力量促进脱贫农区产业可持续发展与善治提供有益参考。

1.2 研究的回顾与评述

1.2.1 由道德消费引发的公平贸易减贫运动

公平贸易是以消费者道德消费理论为支撑的。公平贸易是消费者发起并依靠消费者支持的帮助社会弱势群体活动更高价值链分配的市场机制，已有研究从最初的针对消费者社会意识、社会责任消费的人口和社会心理研究逐步向道德消费、社会规范理性领域拓展。Anderson（1972）提出具有一般社会责任消费者在消费决策时会表现出社会意识倾向，做出改善环境和社会福利的购买行为。美国心理学家 Ajzen（1985）最早系统阐述消费行为中道德因素作用。Shaw 等（1999）首次提出道德因素是人们购买公平贸易标识产品的主要动因，随后学者通过不同方法验证了这一判断（Chatzidakis et al.，2016；Yamoah et al.，2016；Ladhari et al.，2017）。道德是客观见之于主观的法则，主要指个人的道德修养及其影响，道德消费是人们在日常消费行为中体现出来的一种对人类自身的关怀和兼顾整个世界的自觉行为（谢静 等，2009）。道德认同度高的人希望满足自己的道德诉求，同时考虑其他人的福利，道德认同度高的人更容易参加赠予活动（崔海龙，2015）。也有观点认为，公平贸易过高估计了道德因素对消费行为的影响作用，消费者道德购买存在缺口（任迎伟 等，2009），消费者购买意愿与购买行为缺乏一致性（Hainmueller et al.，2011）。有学者从利他主义、规范理性等方面对公平贸易的消费者行为作出解释。还有学者认为，消费者行为无论是基于自利还是利他，都会受到个人价值观或社会、群体的价值标准和行为规范的引导和约束，规范理性和经济理性共同构成影响消费行为的基本驱动力（龙晓枫 等，2010），但没有研究公平贸易产品的消费者行为。对于经常购买公平贸易产品的消费群而言，标签认可度（Jeanine et al.，2013）、知觉行为控制和自我认同、社会总体价值取向、社会支配取向（Salvador，2014；Rios，2015）是决定购买行为的重要因素。

在市场经济分析框架下，公平贸易产品的消费行为超越了传统经济人假设，但依然适用于消费者效用理论，消费者愿意购买公平贸易产品是由于他们追求产品以外的价值，有的时候产品是通过相同的方式生产的，只是用不同的方式销售。消费者行为可以通过经济学原理进行解释，考虑了非经济因素的消费者理性，带来额外的效用，从经济学的观点来看，公平贸易产品是一个产品束（产品包），购买传统产品与实现社会价值（关注社会和生态）进行了捆绑销售，这两个因素完全可以分开，消费者可以单独购买传统产品，然后通过传统的援救方式实现社会价值。公平贸易的好处是消费者的社会承诺（价值）在购买的行为中得到表达和体现。这种方式不会产生额外的交易成本（如交通、获得信息等），这种产品包能够从购买意愿变为实现购买，还有一个原因是捐赠的额度相对于商品本身是比较小的，低成本低实现社会捐赠的意愿。支持公平贸易产品的消费者普遍认为通过购买可以帮助发展中国家农户提高应对市场的能力、改善生态环境等，消费者通过购买公平贸易产品获得更多的效用并为这个效用支付更多的费用（Bezencon et al., 2009）。

Geoff（2004）分别从南部生产者和北部消费者的视角分析了公平贸易运行机制、公平贸易市场特征，自20世纪80年代绿色环保主义倡导以来，道德消费者的范围不断扩大，已经不再是小众群体，有30%的公众认为自己具有道德消费观。

1.2.2 公平贸易的运行机制

公平贸易由国际公平贸易组织倡导和推动，公平贸易认为如果小农户能更好地组织起来，获得更多资源和支持，以更加公平的贸易条件进入主流市场，并对自己的工作和生活有更多的控制权，那么他们将有机会摆脱困境和不利环境。

公平贸易与传统贸易有两个方面的不同，一是关注的不只是产品的价格和质量，它将生产端的生产条件和影响与消费者价值联合起来；二是公平贸易市场中非营利的国际公平贸易组织是公平贸易的倡导者，其介于消费者和生产者中间，通过对过程监控和数据比较来提高交易价值。公平贸易的核心是公平贸易标准体系、管理信息系统和利益相关者三方面（Richard et al., 2003）。公平贸易标准体系主要包括公平贸易生产者合作社标准、公平贸易产品标准、公平贸易劳工标准等。公平贸易管理信息体系（MIS）是公平贸易的核心，负责对资源和公平贸易运行过程的监控，主要包括过程管理、监查机制、比较机制、控制机制，核心环节是依据标准进行监督（审计）、比较，监督机制的关键是依据标准进行监督和报告，提出系统功能存在的问题，实践与期望的道德标准之间的差距，评估其影响及产生的原因并决定补救的行动（Richard et al.，2003）。第三方监督机制保障公平贸易参与者按照公平贸易原则运作，公平贸易组织建立了第三方监督人是审计员，每年会不定期派不同国家的审计员到合作社进行审查，以规范合作社的生产、组织管理等行为。Taylor（2005）指出公平贸易标签组织（FLO）每年对合作社进行一次的年审是至关重要的。

公平贸易标签是将公平贸易标准反映给消费者的符号信息，公平贸易倡导者用公平贸易标签来连接消费者与生产者，控制生产者按照标准进行生产。如果一件产品带有公平贸易标签，这意味着它的生产者和销售者都符合公平贸易标准。公平贸易标准的目的是解决贸易关系中的权力不平衡、市场不稳定、常规贸易不公正等问题。公平贸易标准能够发挥消费者和生产者的连接作用的关键是加强公平贸易理念传播，提高标签的辨识度和认可度，换言之，提高公平贸易的社会互动性并使授权标签成为公平贸易合法性的基础对于公平贸易至关重要（Marie，2003）。

公平贸易通过认证的方式对全产业链进行管理。进入21世纪以来，国际公平贸易组织建立了一系列公平贸易生产者和产品准入与贸易标准（Lekakis et al.，2014），公平贸易标准体系不仅关心生产条件，同时也关心贸易的正义性（梅琳 等，2015），公平贸易组织通过第三方认证、审计监管、培训教育等途径实现标准的执行，通过公平贸易标签将消费者和生产者连接起来（Gareth et al.，2015），减少了中间环节。

公平贸易通过认证的方式对全产业链进行管理的意义在于支持小农户贸易的价值链更加透明、公正、有序，而且能够让小农户规范生产，保障消费者的食品安全。节约了渠道商筛选好产品的成本，渠道商可以从公平贸易标签组织提供的产品清单中直接采购所需要的产品。同时，保障了消费者用于支持小农户的爱心能够真正返给小农户。国际公平贸易认证不仅认证出了一个细分市场，而且建立了生产者、渠道商和消费者之间的互信互动平台，确保了小农户能够更多地参与价值链的分配。

1.2.3 公平贸易机制对生产者行为的激励与约束

公平贸易生产者实际上指的是取得公平贸易认证的小农户组织。公平贸易为认证生产者建立了一个包括和排除特殊类型的劳动主体的机制

(Fraser, 2009),是一个相对闭合的、有限市场准入条件的特定市场。这一机制决定公平贸易针对产品、小农户组织和区域具有特定的适应性（马述忠，2007）。生产者自愿选择是否加入公平贸易，但加入公平贸易意味着生产者需要按照公平贸易标准进行生产和组织化建设。公平贸易鼓励对环境有益的可持续耕种和生产模式，如使污染、杀虫剂和除草剂减到最少的一体化耕种管理系统，主张有机农业技术，并禁止使用大多数有害的杀虫剂等，进而改善当地生态环境（Hulm，2006）。影响生产者参与公平贸易意愿的主要因素包括收入来源、加入合作组织的经验、长期居住在一个社区、年龄、家庭规模、种植规模等（Skalidou，2015）。

公平贸易为弱势生产者提供更好的贸易平台，使其有机会获得改善生计和筹划未来的机会与资本（刘婧 等，2013），公平贸易还为生产者提供了人力资本投资、能力发展、金融信贷、社区发展返款等方面的支持。公平贸易是一个利基市场，公平贸易香蕉等产品已经表现出了较强的竞争优势（Skalidou，2015），随着消费者支持的不断增加，很多企业将公平贸易视为产品差异化竞争的一个策略，这就存在滋养生产者和企业寻租的土壤。然而，公平贸易体系是一个不完善的市场体系（Lyon，2011；Besky，2014），目前公平贸易体系对于规模化生产者的寻租行为还缺乏有效的约束机制。国外学者的争论主要集中在大种植园是否可以加入公平贸易体系，有的学者将大种植园视为提供高质量和道德消费品的另一个供给途径，而 Besky（2015）认为这一争论是关于谁被视为公平交易的适当劳动主体，认为大规模的种植园因为雇佣劳工而被视为合理的公平贸易产品生产者之一。

1.2.4 公平贸易对乡村治理的作用

公平贸易仅支持符合条件的农户参与合作组织治理，确保他们能真正地、平等地分享公平贸易提供的支持。公平贸易制定了关于合作社治理的标准，这些标准不仅为合作社的治理提出了最低要求（公平贸易标准），而且还利用打分系统让合作社知道了其应努力的方向。例如，对于标准4.2.1，合作社必须达到的最低要求是：采取农民民主治理结构，成立全体成员大会，在章程中规定其是合作社的最高决策机构、成员具有平等的投票权。除了引导农民专业合作社达到最低要求外，农民专业合作社全体成员大会要非常积极履行其职责，参与合作社的重要事项。例如，大会要有充分的时间讨论重大事项。因此，公平贸易标准不仅指明合作社治理的最低目标，还明确了治理的长期发展目标。公平贸易制造机会让合作社逐渐了解、采取良好治理实践，通过深入的年度审计来检查合作社的治理情况。例如，公平贸易返款的使用对农民专业合作社来说是一个很好的机会逐渐改善治理。公平贸易要求由成员民主决定公平贸易返款的使用，并且要将返款使用情况向全体成员公开。在审计过程中，审计员发现很多问题，如返款使用的记录不完整或与计划用途不相符。例如，某合作社计划将返款直接返回给成员，但是却无法提供付款记录，如银行转账记录、成员的收条等。审计员将发现的问题向该合作社进行逐一解释说明，建议合作社按照公平贸易规则加以纠正，并给合作社留出一定时间对发现的问题加以改正。从这个角度看，审计也对合作社提供技术支持，帮助其自我检查、自我完善。这个过程对于合作社及其成员来说都是一个能力建设过程。周温茹（2020）指出，公平贸易组织指导湖南省古丈县盘草村合作社进入市场，通过更加严格的质量标准、供应链学习，使供应链各组织间契合程度不断增强，从而使小农户赋予权能实现内生包容性增长，通过供应链节点资源整合促进机会平等、福利普惠以及可持续发展，使当地经济实现外生包容性增长。

1.2.5 公平贸易的效果和影响

公平贸易的效果和影响一直是学者关注与争论的焦点。一部分学者强调公平贸易对区域发展和乡村治理的作用，另一部分学者集中讨论公平贸易减贫效果。研究表明，公平贸易对认证生产者的教育程度、组织能力、降低儿童死亡率、改善环境等方面具有积极影响（刘林 等，2011；王媛媛，2013；Skalidou，2015），公平贸易对我国农业发展、提高我国农产品质量、提高农民素质、乡村治理等方面具有积极作用（张乾，2015）。学者对公平贸易减贫效果的研究结论存在较大差异：一种观点认为公平贸易确实为改善小农户生活带来了显著积极作用（Chiputwa et al.，2013；Hejkrlík et al.，2013；Francesconi et al.，2014；张乾，2015；Muhyiddin，2017）。也有观点认为公平贸易对小农户的受教育水平、家庭收入等福利改善并不明显（Méndez，2010；Skalidou，2015），还有一部分观点认为公平贸易对提升认证生产者福利有一定积极影响，但作用有限。

1.2.6 产业扶贫和合作扶贫的相关研究

贫困产生的原因是复合性与层次性的。国内学者对资源、个人能力、人口数量、区位特点、经济结构、文化与制度、空间等因素都进行了较为广泛讨论。我国的扶贫模式也经历了救济式扶贫、开发式扶贫、参与式扶贫三个阶段。从具体的扶贫模式来看，扶贫模式丰富多样，包括财政扶贫模式、以工代振模式、产业开发模式、温饱工程模式、对口帮扶、旅游扶贫、生态建设、移民搬迁、小额信贷、人力资源开发、科技扶贫等。2013年11月3日，习近平总书记在十八洞村考察扶贫开发时提出"精准扶贫"理念，各地纷纷实施具体的精准扶贫措施，北京市"十三五"时期通过"六个一批"实施分类帮扶，即扶持产业帮扶一批、促进就业帮扶一批、山区搬迁帮扶一批、生态建设帮扶一批、社会保障兜底一批、社会力量帮扶一批。

有的研究者指出产业扶贫是治贫的根本，然而，贫困户跟其他农户不一样，他们抗风险能力非常差，若市场价格过低，农产品卖不出去或亏本，不仅影响他们脱贫致富的积极性，还会因此负债累累。产业扶贫返贫现象普遍的重要原因是自然风险、市场风险都会导致市场上遭受不测返贫。也有研究者指出收入贫困与能力贫困联系，精准扶贫要从能力贫困的角度寻求脱贫的手段和方式，主要从健康状况入手对贫困者进行生产经营能力和就业能力建设。对贫困者进行能力建设会使收入提升更具有可持续性，降低返贫的发生率。阿玛蒂亚·森提出贫困是一种对基本能力的剥夺，而不仅仅是收入低下。能力不仅是指生产能力，还被理解为获取知识的能力，参与决策的能力，合理利用资源的能力等，将贫困的认识从收入贫困向能力贫困拓展。

扶贫工作的最终落脚点是建立有内生能力，建立能够让贫困人口自己劳动致富的长效机制。能力建设包括三个方面：一是改善贫困群众的健康水平；二是提升贫困群体的生产经营能力，人力资本投资；三是加强贫困群体的参与意识和参与能力培养。然而，对如何开展能力建设的路径阐述得仍然不够详细。结构主义认为，社会结构不平等与制度排斥性是贫困产生的动因。在精准扶贫过程中，要防止排斥现象把扶贫政策带入困境，公民权利建设非常重要。其中，参与能力是公民权利建设的关键。贫困农户文化素质和知识水平的局限，导致他们的参与知识欠缺，能力偏低。参与者无法真正理解与扶贫政策相关的信息,丧失了争取参与机会的能力和意愿,以及使用资源的能力。

合作型反贫困强调通过农村反贫困行动中相关利益主体之间的合作,从制度层面构建可持续的农村反贫困机制,不仅有利于消除收入贫困,而且有利于从能力、合作机制、治理结构等更深层面为贫困农户脱贫乃至实现贫困地区社会经济环境协调可持续发展。

研究者基于我国农村社会结构提出了传统扶贫模式面临的难题,指出我国扶贫面临的是原子式的贫困农户,政府依靠传统行政体系把扶贫资源传递给贫困地区与贫困农户,造成了"两点式"的反贫困链条,在链条的上端是各级政府及其代理机构(村委会),在链条的下端是大量分散的"原子式"贫困农户。这种格局的问题是:信息不足导致扶贫工作成本高,效率低;难以界定清楚市场经济环境下政府职能的定位,难以建立贫困农户应对市场大环境的合作平台。因此,中国扶贫应从三方面进行调整:一是创新政府财政扶贫资金的使用机制,以提高政府财政扶贫资金的使用效率。二是在增加贫困农户收入的同时,促进农户的自我发展与互助合作能力,从而实现贫困农户的能力脱贫。三是通过扶贫实践优化扶贫地区的农村治理结构,建立一种有效的农村反贫困合作机制。研究者提出柔性扶贫的理念,本质上也是在参与式扶贫的基础上,更要尊重贫困农户的意愿和当地社会文化。

农民合作社参与精准扶贫是社会扶贫的重要组成部分,也是构建社会大扶贫格局的内在要求。关于农民合作社参与扶贫的研究主要有以下几个方面。

首先,农民合作社参与扶贫的理论基础。农民合作社是弱势群体联合成立的互助性经济组织,制度安排天然具有益贫性的组织特征,是市场经济条件下农村贫困人口脱贫的理想载体。合作社也被视为反贫困最有效率的经济组织。精准扶贫与农民合作社发展具有目标的一致性。构建农民合作社发展与精准扶贫协同创新的体制机制,一方面需要发挥合作社在精准扶贫中的积极作用,使贫困人口能够依托合作社真正永久脱贫,另一方面使合作社借助精准扶贫国家战略的实施,进一步拓展发展空间,推动合作组织规范发展。

其次,农民合作社对扶贫的作用。国内外学者关于合作社发展对当地减贫的影响研究显示,农民合作社能够促进贫困农户自我发展能力提升,打破农民贫困的恶性循环,并且提高了贫困农户获得医疗、教育、培训、参与决策等权利,不同用途合作社能惠及更多农村贫困人口。

但也有学者指出,贫困地区的农民合作社虽然能够参与农户的收入增长,但是合作社成员收入增长呈现出显著的差异性,人均资产高的社员收入增加显著,而难以保证贫困农户的利益。农民合作社在发展中背离益贫性的组织宗旨,既不利于构建符合现行法律和国际合作社联盟规定的合作原则的产权制度和治理结构,更使合作社的发展饱受批评和质疑,严重影响了中国农民合作社的社会声誉。

1.2.7 已有研究述评

已有研究对公平贸易运行机制中主体行为的研究和效果评价进行了多角度、多层面的探讨,为研究提供了理论借鉴和方法参考。然而,已有研究还有三方面不足。首先,对公平贸易农产品和区域特定性的认识不明确。其次,国内已有研究缺乏微观主体行为的研究,尚没有针对公平贸易机制下我国消费者道德理性行为及我国参与公平贸易的生产者行为的系统研究。最后,针对公平贸易支持减贫和区域产业发展效应还存在争议,国内相关研究非常有限。因此,还需深入研究公平贸易机制及社会影响。

1.3 总体分析框架

本书主体内容分为五个部分。第一部分剖析公平贸易国际运动的理念与主要实践,阐述国际公平贸易概念、产生背景,国际公平贸易运动发展历程与特点。第二部分探讨公平贸易减贫与改进乡村治理的主要路径。第三部分剖析公平贸易在中国发展的总体情况、典型案例,我国消费者支持公平贸易的意愿及影响因素,以及在我国推广公平贸易促进农户减贫与乡村善治的路径。第四部分系统分析北京市发展公平贸易促进低收入农户增收的现实需求,从低收入农户、农产品生产流通情况以及低收入农户增收面临的问题等方面剖析北京市借鉴国际公平贸易减贫模式促进农民增收的可能性和可行性。第五部分叙述和剖析北京市发展公平贸易促进低收入农户增收与改进乡村治理的做法与经验,提出下一步推动公平贸易发展的对策建议。

1.4 数据来源

1.4.1 研究方法

（1）案例研究

本书在已有文献资料梳理和田野调查的基础上，对国际公平贸易减贫的实践案例、国内公平贸易减贫的主要做法、北京市推进公平贸易促进农民增收的主要做法进行了案例分析，有利于进一步深化公平贸易减贫与乡村善治的认识。

（2）试点试验

2016—2018年，笔者作为"北京市发展公平贸易促进农民增收试点工作"项目执行人，推动北京市门头沟区、怀柔区、密云区的蜂蜜、板栗、手工品等农民专业合作社、公平贸易销售商、农业龙头企业、北京农民专业合作社联合会等共同参与公平贸易试点试验，笔者全程参与并负责了试点项目的前期策划、实施主体的确定、试点工作内容确定、试点工作具体实施、试点工作的深度总结等工作。该项试点工作为笔者提供了沉浸式观察公平贸易促进农民增收和提高农民参与乡村公共事务意愿和能力的实现路径。

（3）质性分析

对公平贸易减贫与促进乡村善治的效果研究采用质性分析方法。质性分析是一种阐释性诠释的系统化分析方法，采用结构化访谈、现场观察、实物分析等多种资料收集方法，对研究现象进行深入的整体性探究，从原始资料中形成结论和理论，通过与研究对象互动，对其行为和意义建构获得解释性理解的一种活动。质性分析的理论基础是主题分析、扎根理论、传统内容分析等理论，主要的研究步骤包括文本分析、备忘录记录、案例总结、构建类目等，基本的研究方法为主题分析、评估分析、类型构建分析。

（4）定量分析

从消费者购买意愿的视角，基于多元选择模型，分析北京、上海、南京、杭州4个城市866名消费者对公平贸易产品的购买意愿和支付价格意愿，以及影响消费者购买公平贸易产品的主要因素，为推动公平贸易在国内的发展，促进我国小农户以公平贸易方式进入大市场提供参考。

1.4.2 数据来源

一是田野调查数据。①2016 年 4—5 月，笔者作为主要完成人，与北京市收入较低村资源情况联合调查组针对全市 503 个收入较低村进行了资源情况摸底调查，获得了北京市收入较低村资源情况和低收入原因等方面数据。本次调研的具体抽样方法如下：由于开展调研之时，北京市正式确定的低收入村户名单尚未公布，因此，以北京市农村经济研究中心（市农经办）针对全市 3 196 个村的农民人均所得的监测数据为依据，以 2015 年为基期，选取出符合按照家庭人均可支配收入低于 11 160 元为基本标准，且低收入农户数量超过涉农家庭户总数的 50%的村，共选取 503 个村，再经过各区经管部门确认，最终确定选取了 10 个涉农区的 469 个样本村（表 1-1）。在此次抽样调查涵盖 469 个收入较低村的基础上，又进行了 10 个区、14 个乡镇、28 个村的深入座谈（表 1-1）。②2016 年 6—8 月，开展了针对北京市、上海市等 4 个发达城市和中等发达城市的居民消费意愿调查，获得了消费者关于支持公平贸易的意愿及影响因素的相关数据。③2016—2017 年，笔者在开展《北京市发展公平贸易促进低收入农户增收试点工作》期间的实地走访调研数据。两年来，为推动试点工作，笔者曾赴北京市门头沟区（14 次）、怀柔区（8 次）、密云区（4 次）、大兴区（21 次）等地调研和进社区活动达到 71 次。通过与试点合作社、农户、试点渠道商等多次的面对面沟通，获得了翔实的案例事实和数据。

表 1-1　北京市收入较低村抽样问卷调查和座谈走访情况

序号	区名	乡镇数	村数	乡镇	村名
1	房山区	15	133	石楼镇、韩村河镇、南窖乡	二站村、上中院村、龙门口村、花港村、中窖村、水域村
2	密云区	12	73	大城子镇	后甸村、张泉子村
3	平谷区	13	54	山东庄镇	北寺村、桃棚村
4	顺义区	10	44	北石槽镇	东辛庄村、中滩营村
5	昌平区	5	41	流村镇	马跑泉村、老峪沟村、黄土洼村

(续表)

序号	区名	乡镇数	村数	乡镇	村名
6	延庆区	10	40	康庄镇	西红寺村、火烧营村、榆林堡村
7	怀柔区	8	25	雁栖镇	西栅子村、大地村
8	门头沟区	5	24	军庄镇、妙峰山镇	新村、大沟村
9	大兴区	6	20	礼贤镇、庞各庄镇	孙家营村、柏树庄村、南顿堡村、西黑堡村
10	通州区	2	5	永乐店镇	永乐店三村、新西庄村
	合计	86	469	14	28

资料来源：北京市收入较低村资源情况联合调查组，由作者整理。

二是北京市农村"三资"监管平台和部门监测数据及专项调查数据。低收入村户数据来源于北京市低收入村户监测数据。北京市农村土地资源、经营情况和北京市农民专业合作社情况的相关数据来源于北京市农村经济研究中心开展的专项监测与调查数据。

三是国际公平贸易市场情况数据，主要来源于FLO公布的年度数据。

1.5 研究特点与创新之处

目前国内学者对消费扶贫的关注和研究较丰富，但对公平贸易减贫的研究还比较少，本书是国内首部基于理论与实践两个维度探讨国际公平贸易减贫与乡村善治的专门研究。第一，本书针对减贫和乡村善治这两个中国和其他发展中国家实现农业农村现代化迫切需要解决的重要议题，较为系统完整地梳理了国际公平贸易运行的内在机制，剖析国际公平贸易运动作为市场化、制度化的减贫模式的组织体系、规范标准、运行机制、发展历程，从内生包容性增长理论视角剖析了公平贸易减贫与乡村善治的实践路径。第二，本书运用案例研究方法，对国内参与国际公平贸易的实践进行了解析，实证分析了我国北京、上海等大城市消费者对公平贸易理念的认知与公平贸易产品的消费意愿，从生产者、消费者的不同层面分析了国内推动公平贸易面临的主要困难。第三，本书基于沉浸式田野调查方法，通过实施北京市发展公平贸易促进低收入农户增收的试点试验项目，从实践层面进一步展示公平贸易在促进农户减贫增收、提升农户参与公共事务治理与服务等方面的运作机理和实现效果,为国内以政府主导的减贫模式提供有益补充,并为促进国内消费扶贫的制度化、规范化可持续发展提供参考模式,为推进农民专业合作社规范化发展和建立联农带农机制提供有益参考。

第 2 章

公平贸易的基本内涵

公平贸易是一项由有良知、有情怀的消费者发起的、支持全球减贫事业的社会运动。公平贸易认为帮助贫困农户的最佳方式并不是直接向他们捐款捐物，而是购买他们生产的、符合标准的高质量产品，并通过帮助他们的产品融入全球商品体系中，使他们能够实现有尊严地增加收入、积累财富，最终摆脱贫困。

通过给予他们更公平的价格，公平贸易帮助贫困农户建立稳定的市场渠道，不断提高他们的能力，使他们获得更公平的发展机会，让他们享有农业全产业链的价值分配，达到贫困地区农户可持续增收的目标。

2.1 公平贸易产生的背景

许多发展中国家的小规模农村生产者缺乏竞争力。他们往往地处偏远地区，社会和经济发展落后、自然资源匮乏、生态环境恶劣、缺少基础设施和公共服务、无法获得信贷服务、缺少先进的生产技术和准确的市场信息，交易成本高、受教育程度低。他们还常常面临文化、语言等障碍。因此，他们的生计没有保障，缺乏竞争力，不仅缺少增加收入、自我发展、积累财富的潜力和机会，也缺乏抵御自然灾害、疾病等风险的能力。

农村小生产者缺乏议价能力。他们往往独立生产经营，生产规模小，产量低。因此，在销售产品时，只能被动地接受收购商开出的价格。由于农产品的收获季节短暂而且集中，再加上缺少运输和储存设施，小生产者不得不竞相压低价格以便尽快将自己的产品售出，而不是等到最有利可图的价格时才出售自己的产品。而且，收购商也经常采取各种措施防止小生产者们联合起来。所以，农产品价格往往被压至最低，小生产者们不得不接受与其产品品质不符的价格。

小生产者还要面对国外竞争者的竞争。在全球自由贸易体制下,国际市场价格的波动使发展中国家许多小规模生产者都难以生存。

传统的农产品价值链越来越被少数跨国公司、大型连锁超市所控制。传统的农产品供应链比较复杂,从农民到消费者的这一过程中,农产品往往被转手很多次。通常农民将自己生产的农产品卖给收购商(贩子),后者往往是大型加工商、出口商的代理(图2-1)。收购商把收购的农产品运到加工厂。经过加工以后,再由当地的出口商将农产品卖给国际中间商(进口商)。经过最终的加工和包装后,农产品被卖给零售商(如超市),然后才到达消费者手里。

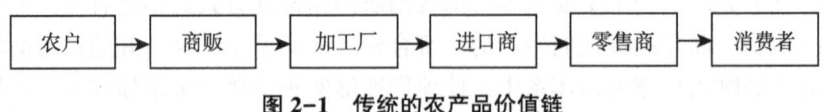

图2-1 传统的农产品价值链

随着国际贸易的发展,全球供应链越来越被少数跨国公司和大型连锁超市所控制。以咖啡为例,ECOM、Louis Dreyfus、Neumann 和 VOLCAFE 这四家公司控制了全球40%的咖啡贸易。而卡夫、雀巢、Sara Lee、宝洁和 Tchibo 控制了全球将近半数烘焙厂和销售商。

由于控制了供应链,在与生产者的谈判中,跨国公司和大型连锁超市拥有巨大的权力,使其可以利用这种力量将成本和风险推向供应链上游。为了将利润最大化,并保持具有竞争力的成本,他们要求降低成本、更严格地控制投入和产品标准。农产品价格的下降以及严格管理的产品标准压力的增加,使许多小生产者无法在市场上竞争。

例如,尽管咖啡是高利润产品,但是对咖啡种植者们来说却不是这样的。已有研究显示,在咖啡供应链上,处于上游的种植者们所获得的利益一直在下降:在20世纪70年代,种植者们获得的收益占咖啡零售价格的20%;在咖啡危机期间,其收益只占零售价格的1%~3%(咖啡店),或2%~6%(超市)。尽管咖啡价格回弹,在过去几年里,种植者的收益也仅占零售价格的7%~10%。

公平贸易支持者们认为,国际贸易并没有增加贸易双方的财富,相反,由于贸易条件的不公平,贸易导致财富从发展中国家的农民和农场工人流向发达国家,加剧了不平等的现象。公平贸易倡导者们希望通过改善市场准入、加强生产者组织、支付更好的价格和保持贸易关系的连续性,改善生产者的生计和福利，促进处境不利的生产者获得发展机会，通过对话、透明和尊重，发展贸易关系中的合作模式。

2.2 公平贸易的理念与运行机制

2.2.1 公平贸易的概念

根据国际公平贸易标签组织（Fairtrade Labelling Organizations International，FLO）、国际公平贸易协会（International Fair Trade Association，IFTA）、欧洲世界商店连线（Network of European Worldshops，NEW）、欧洲公平贸易协会（EFTA）组成的非正式联盟（European Fair Trade Association，FINE）对公平贸易的共同定义，公平贸易是一种基于对话、透明和尊重的贸易伙伴关系，旨在追求国际贸易的更大公平性。国际公平贸易为处于社会边缘的生产者和劳工提供更好的贸易条件，确保他们的权益来实现可持续发展（刘婧 等，2013）。公平贸易组织明确承诺公平的贸易是其使命的核心。在消费者的支持下，公平贸易组织积极支持生产者（特别是脆弱的小生产者），积极推动改进常规国际贸易的规则和实践，使其更有利于发展中国家的小生产者。

2.2.2 公平贸易的目标

公平贸易鼓励发达国家的消费者为在发展中国家的、在对社会负责且可持续的条件下生产的初级产品支付更高的价格。作为一种另类贸易方式，公平贸易的战略目标如下。

目标一：帮助被边缘化的生产者和工人摆脱其脆弱的处境，实现安全和经济上的自给自足。

目标二：向生产者和工人赋权，使其真正成为自己组织的利益相关者。

目标三：在国际舞台上发挥积极和广泛的作用，以实现更大的、公平的国际贸易。

2.2.3 公平贸易的基本原则

公平交易运动倡导支持下列的一般原则与做法。

原则一：为贫穷及弱势生产者提供改善生计的机会。所有公平贸易组织和成员都必须致力于改善在经济上处于弱势的或在贸易关系中被边缘化的小生产者的贫穷状态，为他们创造经济机会，为弱势个人、家庭农场或集体生产者提供支持，使他们获得更好的工作合约，获得更多回报。

原则二：运作及买卖过程要透明，并进行问责。所有成员的商业贸易过程必须符合公开透明的原则。公平贸易讲求透明的管理模式与商业关系，促使贸易伙伴之间追求平等与尊重的关系。

原则三：协助合作伙伴提升能力，以保持持久的贸易关系。公平贸易不只关心价格，更关心生产、管理、营销等知识的传承与培训，目的是让所有的会员能具备足够能力将产品销往国际市场。在追求公平价格之外，也培育生产者的独立性与持续成长，让生产者具备管理技巧与开发市场的能力。

原则四：推广公平贸易运动。让全球消费者了解公平贸易的内涵，进而一同加入扶助弱势、消灭贫穷的行动。另外，成员也应自律，遵守诚实的消费行为，清楚告知消费者产品的生产过程和原料来源，建立生产者和消费者之间的互信。

原则五：给予生产者合理的价格。透过与生产者的对话机制，共同参与合理定价的过程，形成双方都能接受的价格。价格公平包括两方面，除了生产者能获得与其劳动付出对等的合理报酬外，公平贸易商品在市场中的可持续发展，也是定价因素。公平价格不只包含了生产成本，同时也符合社会正义与环保的原则。另外，公平贸易经销商保证尽快付款于生产者，以帮助他们度过收获前期或生产前期的财务困难时期。与合作伙伴在平等互惠的原则下长期合作，对于特定弱势群体提供提前收购及提前付款以支持公平贸易的成长。

原则六：提供健康、安全的工作环境。世界公平贸易组织成员要提供安全及健康的工作环境，包括清洁的饮用水，怀孕及哺乳期间妇女的需求，合理的工作时数和医疗照顾。

原则七：禁止使用童工或强迫劳动。公平交易提供生产者一个健康及安全的工作环境，如有儿童参与，则不能影响儿童的完整成长、安全及教育的要求，同时也必须符合联合国儿童权利的惯例及当地的法规。

原则八：敬畏自然。要有可持续管理及使用原生资源的观念，谨防滥采及在生产过程中可能造成的浪费，鼓励资源回收及使用天然的物料以维护环境可持续发展。公平贸易积极鼓励更好的环保实践及负责任的生产方法。

原则九：反对歧视、促进性别平等、尊重文化多样性。所有成员与合作伙伴，必须保障工作中没有性别歧视，无论男女皆能获得均等的工作机会、升迁渠道与同等报酬，并赋予妇女在组织中应得的权利。另外，不同宗教信仰、文化或传统都应获得适当的尊重。

2.2.4 公平贸易组织体系

大多数公平贸易生产者、销售商都加入一个或数个前面提到的国内或国际公平贸易联盟，这些公平贸易联盟协调、提倡及促进公平贸易的工作。目前，最大、最具影响力的公平贸易联盟组织包括以下组织。

公平贸易标签组织（FLO）。FLO创立于1997年。它是一个由三个生产者网络和二十个国家标签组织组成的、非营利的、伞形联盟组织，总部设在德国波恩，它的最高决策机构是全体大会。FLO负责制定公平贸易标准，向生产者和销售商发放许可，批准标签的使用等。目前，FLO是全球最大和最被广泛认可的公平贸易标准制定和认证的标签组织。为了强调对生产者的支持，并确保认证的独立、透明和公正，2004年，FLO成立了两个独立的机构：①公平贸易国际，由生产者网络和国家公平贸易组织组成，负责制定公平贸易标准并提供生产者支持；②FLO-CERT，专门负责对生产者组织和交易商进行检查和认证。FLO的组织框架见图2-2。

国际公平贸易协会（International Fair Trade Association，IFAT）。IFAT创立于1989年，是一个由公平贸易生产者及协会、外销公司、进口商、零售商、国家及区域性公平贸易阵线和支持公平贸易团体所组成的全球协会，2004年IFAT创设了"公平贸易组织标签"（FTO Mark）以识别那些公平贸易组织（与FLO系统相反，FLO是认证产品），IFAT在超过60个国家有将近300个组织成员。

欧洲世界商店连线（Network of European Worldshops，NEW），创立于1994年，是一个由15个世界商店协会所组成的伞形连线，遍布于全欧洲13个不同的国家。

欧洲公平贸易协会（European Fair Trade Association，EFTA），创立于1990年，是一个欧洲地区公平贸易组织的连线，其从非洲、亚洲及拉丁美洲近400个经济上弱势生产团体进口货品，EFTA的目的在于推广公平交易及使公平交易的进口更具效率及成效，同时，EFTA每年发行关于公

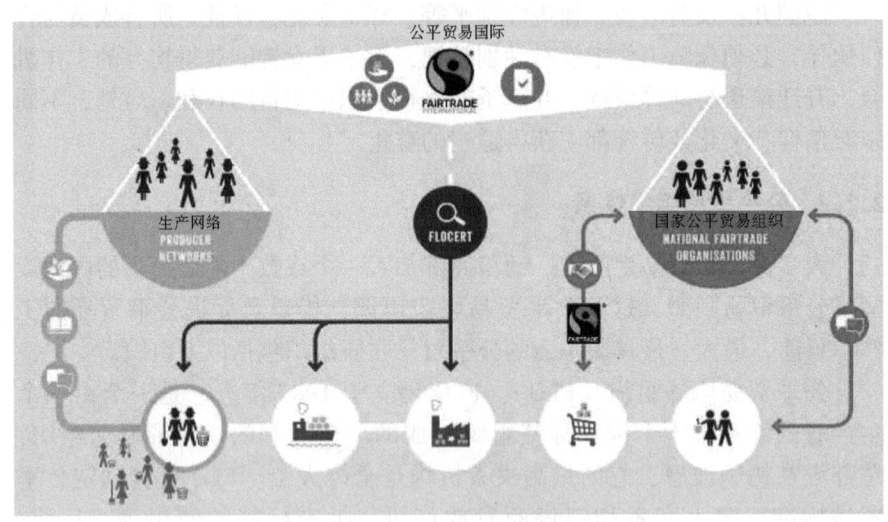

图 2-2 FLO 的组织框架

(资料来源：NAPP 年度报告)

平交易市场的出版品，EFTA 现今于 9 个不同的国家有 11 个成员。

公平贸易联盟（The Fair Trade Federation，FTF），FTF 是一个美国及加拿大公平贸易批发商、进口商及零售商所成立的组织，该组织将其成员与公平贸易生产团体联结起来，同时作为公平贸易资讯交换的中心，也对其成员提供资源及联结的机会。

世界公平贸易组织（WFTO）（前称国际公平贸易协会），WFTO 是 1989 年由公平贸易生产者合作社和协会，出口营销公司，进口商，零售商，国家和地区公平贸易网络以及公平贸易支持组织创立的全球性协会。2004 年，WFTO 推出了 FTO 标志，识别注册的公平贸易组织（与 FLO 不同，FLO 的标志是识别产品）。

FINE，1998 年，FLO、IFAT、NEW 和 EFTA 四个组织成立了 FINE——一个以协调公平贸易的标准及准则、提升公平贸易监督系统的品质及效率和政治性的倡议公平贸易为目的的非正式联盟。

2.2.5 公平贸易相关标准

公平贸易组织为农民、工人、贸易商和其他利益相关者制定了参与公平贸易方式的标准。公平贸易标准的目标是支持发展中国家小生产者和农业工人的可持续发展，在制定公平贸易标准过程中，充分融合了社会、经济和环境标准，公平贸易标准一般包含核心要求和发展要求。公平贸易商标准强调了公司和企业必须作出的承诺，以促进其供应链和运营的可持续性。

公平贸易标准的核心目标有：一是确保生产者获得的价格能够覆盖其可持续生产的平均成本；二是提供额外的公平贸易返款，帮助小型生产者投资于促进社会、经济和环境发展的项目；三是为需要的生产商启用预融资；四是促进长期贸易合作伙伴关系，并使生产商能够更好地控制贸易过程；五是制定明确的核心和发展标准，以确保所有公平贸易认证产品的生产和贸易条件在社会和经济上都是公平的，并且对环境负责。

公平贸易标准中的一般原则包括社会发展、经济发展、环境发展、权益保障等，适用于小规模生产者和工人及其组织的所有公平贸易标准都包括以下要求。

一是社会发展方面。对于小规模生产者，公平贸易标准要求一种组织结构，允许生产者真正将产品推向市场。组织的所有成员都能够参与民主决策过程，并尽可能参与组织的活动。该组织需要以对其成员透明的方式成立，并且不得歧视任何特定成员或社会群体。在雇用劳动情况下，公平贸易标准要求公司为其工人带来社会权利和安全。一些核心要素是：培训机会、非歧视性就业、无童工、无强迫劳动、参与集体谈判程序和劳动力自由结社、超过法定最低要求的就业条件、适当的职业安全和健康条件，以及为劳动力提供足够的设施来管理公平贸易溢价。

二是经济发展方面。对于所有商品，公平贸易标准要求买家向生产商支付公平贸易最低价格和/或公平贸易溢价。公平贸易最低价格旨在帮助生产商支付可持续生产的成本。公平贸易溢价是给生产者或种植园工人投资提高生活质量的资金。从这个意义上说，保费是为了改善工人、农民和当地社区在健康、教育、环境、经济和其他领域的状况。农民或工人自己决定最重要的优先事项，并管理公平贸易溢价的使用。公平贸易标准还要求买方在生产商要求时为合同提供财务预付款，称为预融资。这是为了帮助生产者获得资本，从而克服可能是他们发展的最大障碍之一，同时可以协助整个农村社区的经济发展。

三是环境发展方面。公平贸易标准包括对环境无害型农业实践的要求。重点领域是：尽量减少和安全使用农用化学品，适当安全地管理废物，维护土壤肥力和水资源，以及不使用转基因生物（GMO）。公平贸易标准不要求有机认证,但会促进有机生产,并因有机种植产品享有更高的公平贸易最低价格。

四是权益保护方面。公平贸易标准禁止强迫劳动和童工,并提出非歧视性条款。

目前公平贸易标准主要有7个,包括《公平贸易小生产者标准》《公平贸易商标准》《公平贸易雇佣劳工组织的标准》《公平贸易合同生产标准》《公平贸易小规模采矿标准》《公平贸易环境标准》《公平贸易纺织品标准》,其中《公平贸易小生产者标准》中除了通用的标准以外,还有关于不同产品的具体标准,诸如咖啡、可可、茶叶、焦糖等13种产品,基本涵盖目前公平贸易所有产品。

公平贸易标准在不断地调整中,且每个版本的标准制定后仍在不断地修改中。以《公平贸易小生产者标准》为例,目前《公平贸易小生产者标准》的最新版本为2019年03.04.2019_v2.8版本,该版本标准发布于2024年7月29日。v1版本为2011年5月1日发布的01.05.2011_v1.0版本,并且每一个版本在执行期间都进行了多次修改,具体修改情况见表2-1。

表2-1 公平贸易小生产者标准v1版本修改情况

版本编号	发布日期	修改内容
01.05.2011_v1.0	2011年5月1日	修改了环境标准,新标准框架变化:引入了公平贸易发展计划和生产实践管理,加入了贸易要求,改写和重组了标准要求
01.05.2011_v1.1	2012年7月11日	在"简介"中增加二级/三级组织的参考和定义; 修改"目的和范围"部分3.3结社自由,雇佣条件,职业安全与健康:由认证机构规定的相当数量的工人可能因地域、要求和风险不同而变化; 在非歧视要求中加入HIV/AIDS; 澄清:如果某个组织出售数种公平贸易产品,适用每种公平贸易产品产量的50%规则(1.2.2);组织增加风险评估要求(3.1.2);组织必须能够证明公平贸易补贴金的使用符合规则(4.1.4); 删除与杀虫剂使用相关的"安全"内容的专业术语; 引入缓冲区的替代性解释,减少每个小农场人员的风险(3.2.7); 澄清生物多样性的定义,更新相关参照和协议

(续表)

版本编号	发布日期	修改内容
01.05.2011_v1.2	2014年1月15日	对《标准》在常规监测周期进行有限制修订：改进用语，加入合规标准中的要求（二级/三级组织和贸易），改进强迫劳动和儿童保护的定义和指南，将新要求标注为"2014年新"。更多修改细节请见网站上的"主要改动文件"：http：//www.fairtrade.net/small-producer-standards.html.
01.05.2011_v1.2	2015年1月19日	加入修改后的地理范围政策
01.05.2011_v1.3	2015年8月3日	由国际公平贸易组织来负责小生产者组织的指标（之前是由认证机构负责，参见要求1.2.1）与合规标准校准（参见2.3.1）
01.05.2011_v1.3	2015年12月16日	禁用物品清单的红色和黄色名单的修订时间延长至2016年。杀虫剂特许使用规定的适用期也延长至2016年
03.04.2019_v2.0	2019年4月3日	全面审查小生产者（SPO）公平贸易标准：修订了小规模生产者组织的定义并强调家庭力量，加强了管理实践，增加了劳动条件的几项要求，提高了对气候变化的适应能力，加强了对自然资源和工人健康的保护，引入了性别政策、更好的公平贸易返款规划和加强对返款的监督、对诚信交易的新要求； 更改标准名称，与雇佣劳动力公平贸易标准和公平贸易贸易商标准保持一致，增加定义部分，简化措辞，重组需求，删除冗余，添加或改进指南和新标准设计； 有关所有更改的更多详细信息，请参阅"主要更改"部分
03.04.2019_v2.1	2019年8月6日	雇用大量工人的会员的过渡期，包含在申请部分。更新了对18岁以下儿童不得从事危险工作的要求，以包括无条件的最恶劣形式的童工劳动； 修订要求1.1.3、2.3.4和3.3.4的措辞，以提高清晰度； 新增新认证机构高劳动密集型产品参考指标
03.04.2019_v2.2	2019年11月5日	变更附件2中关于危险材料清单（橙色清单）所列材料的逐步淘汰时间表
03.04.2019_v2.3	2020年6月10日	澄清要求1.1.3关于已建立的组织，以及2.3.1关于采购合同的要求，其中前面的指导文本被整合到要求中； 更改SPO定义（要求1.2.1、1.2.2、1.2.3、1.2.4），包括增加单个小规模生产者的定义； 当劳动条件中的给定标准适用于组织和成员时，对阈值的修订； 修订了附件2中的危险材料清单，更改了危险材料清单（橙色清单）中列出的材料的淘汰时间表，以及黄色清单中的材料

(续表)

版本编号	发布日期	修改内容
03.04.2019_v2.4	2021年5月3日	添加了要求1.1.3和3.3.1的其他指南； 延长要求4.1.10的过渡期
03.04.2019_v2.5	2021年10月1日	要求4.1.10中新增FairInsight在线平台。生产商组织将通过FairInsight在线平台报告公平贸易溢价
03.04.2019_v2.6	2023年5月15日	新增记录保存要求； 就业条件部分的所有核心要求适用于所有工人，无论雇用人数如何，职业健康与安全部分的要求3.3.29～3.3.36适用于所有工人，无论雇用人数多少
03.04.2019_v2.7	2023年12月20日	修订了"实施"部分，以阐明公平贸易对与标准实施相关的试点项目的方法
03.04.2019_v2.8	2024年7月29日	修订实施部分，以添加更多关于公平贸易对与标准实施相关的试点项目的方法的澄清

资料来源：《公平贸易小生产者标准》（01.05.2011_v1.3）、《公平贸易小生产者标准》（03.04.2019_v2.8），修改日期为2024年7月29日。

《公平贸易商标准》也经历了多次修改，目前版本为16.04.2024 v2.1，该版本为2024年4月16日发布，2024年7月29日修订，并于2025年1月1日起适用，有效期至2029年。《公平贸易商标准》修改情况见表2-2。

表2-2 《公平贸易商标准》修改情况

版本编号	发布日期	修改内容
01.05.2011_v1.0	2011年5月1日	修改新标准框架：①将标准重组为4章；②加入对复合产品和复合原料的要求；③新小节内容定义实物可追溯性、单一场所物料平衡和集体物料平衡；④使用公平贸易标识的额外要求
01.05.2011_v1.1	2013年1月30日	修改2.1.13对集体物料平衡的要求和2.1节的目的
01.05.2011_v1.2	2013年12月13日	修改1.2节标识的使用，2.2节产品构成和公平贸易采购项目的定义，在成品上使用公平贸易标识之外引用公平贸易4.3.6要求也适用于没有公平贸易最低价格的果干和果汁
01.05.2011_v1.3	2014年7月1日	修改2.1节可追溯性，涵盖公平贸易棉花采购项目
01.03.2015_v1.0	2015年3月1日	标准进行全面修订。增加自愿最佳实践。增加劳动权利、环境保护、能力建设和诚信交易的章节。简化用语，重组内容，删除冗余，增加或完善指引

第 2 章　公平贸易的基本内涵

（续表）

版本编号	发布日期	修改内容
01.03.2011_v1.1	2015 年 7 月 30 日	纠正了要求的适用者（4.1.8，4.2.1，4.2.3，4.5.1），改写了小节的目的，改写了附件 1 的前言，删除了对供应链经营者合同的要求
01.03.2015_v1.2	2016 年 12 月 1 日	修订后的危险品清单（HML）（以前称为违禁品清单）和相关要求。符合 HML 相关标准的过渡期已从 2017 年 1 月 1 日延长至 2018 年 1 月 1 日。附件 1 中新增的轮作定义以及合同生产下轮作的价格和保费支付者
01.03.2015_v1.3	2017 年 5 月 1 日	延长逐步淘汰可可和糖的集团质量平衡（GMB）的截止日期。对 GMB 条件和可追溯性模型透明度的额外要求
01.03.2015_v1.4	2018 年 1 月 22 日	将 FSP 扩展到除咖啡和香蕉以外的所有商品。它包括对范围、FSP 定义、可追溯性意图部分以及要求 2.1.14 和 2.2.5 的修订。公平贸易采购计划（FSP）更名为公平贸易采购成分（FSI）
01.03.2015_v1.5	2018 年 9 月 1 日	删除可可和糖的组质量平衡截止日期（质量平衡部分，要求 2.1.12）
01.03.2015_v1.6	2019 年 4 月 3 日	引入关于提供服务透明度的新标准（4.1.7）
01.03.2015_v1.7	2021 年 8 月 16 日	将 FSI 扩展到咖啡。2.1 节中意图的修改。关于可追溯性 将茶叶纳入 B2B 可追溯性透明度模型（2.1.13） 修订关于使用非公平贸易成分的例外情况指南（要求 2.2.4）
01.03.2015_v1.8	2023 年 12 月 15 日	修订实施章节，以澄清公平贸易对与标准实施相关的试点项目的方法
16.04.2024_v2.0	2024 年 4 月 16 日	以 HREDD 为重点的完整标准审查 —修订引言部分：参考、范围和保证、定义 —对各章的需求进行了重组：生产、业务和开发 —新增人权和环境责任审查章节（HREDD）与对应于 HREDD 步骤——提交、识别、解决和补救以及跟踪 —增加对遵守国家法律的新要求（1.1.10）和修订 4.2.4 环境影响管理要求的适用性
16.04.2024_v2.1	2024 年 7 月 29 日	修订"实施"部分，以进一步阐明公平贸易对标准相关试点项目的方法实现

2.3 公平贸易运行机制

公平贸易是基于市场的，通过让生产者能以更好的条件和价格销售经过认证的产品来实现其社会、环境发展目标。

2.3.1 FLO组织的基本架构与职能

（1）公平贸易组织的组织体系

公平贸易组织体系包括国际公平贸易组织（Fairtrade Inetrnational）、9个公平贸易市场推广组织和全球公平贸易体系的独立认证机构FLOCERT。其中，国际公平贸易组织（Fairtrade Ineternational）的总部设在德国伯恩，该组织是由23个成员组织组成的非营利性多利益相关方协会，包括3个生产者网络和21个国家公平贸易组织。3个生产者区域性组织是指拉丁美洲和加勒比地区生产者网络、非洲和中东地区生产者网络、亚洲和太平洋地区生产者网络。21个国家公平贸易组织分布在澳大利亚和新西兰、奥地利、比利时、加拿大、丹麦、芬兰、法国、德国、爱尔兰、意大利、日本、卢森堡、荷兰、挪威、瑞典、西班牙、葡萄牙、瑞士、英国、美国（表2-3）。

表2-3 国家级公平贸易组织基本情况

序号	国家级公平贸易小生产组织	总部所在地	联系电话
1	公平贸易澳大利亚和新西兰	澳大利亚 Docklands	+61 3 9602 2225
2	公平贸易奥地利	奥地利 WIEN	+43-1-533 0956
3	公平贸易比利时	比利时布鲁塞尔	+32-2 894 46 20
4	公平贸易加拿大	加拿大渥太华	+1-613-563-3351
5	公平贸易丹麦	丹麦 Kφbenhavn K	+45 70 231345
6	公平贸易芬兰	芬兰赫尔辛基	+358-9-565 8680
7	Max Havelaar 法国	法国蒙特勒伊	+33-1-42 87 70 21
8	公平贸易德国	德国科隆	+49-221-942 040-0
9	公平贸易爱尔兰	爱尔兰都柏林	+353-1-475 3515
10	公平贸易意大利	意大利帕多瓦	+39-049-8750 823
11	公平贸易日本	日本东京	+81-3-5652-4846

(续表)

序号	国家级公平贸易小生产组织	总部所在地	联系电话
12	公平贸易卢森堡	卢森堡 Roodt-sur-Syre	+352-350762
13	荷兰 Stichting Max Havelaar	荷兰 EG Utrecht	+31-30-2337070
14	公平贸易澳大利亚和新西兰	新西兰奥克兰	+64（0）9 920 4950
15	公平贸易挪威	挪威 OSLO	+47 23010330
16	公平贸易葡萄牙	西班牙马德里	+34 91 543 33 99
17	公平贸易西班牙	西班牙马德里	+34 91 543 33 99
18	公平贸易瑞典	瑞典斯德哥尔摩	+46-8-1220 89 00
19	瑞士 Stichting Max Havelaar	瑞士苏黎世	+ 41 44 278 99 00
20	英国公平贸易基金会	英国伦敦	+44 20 7405 5942
21	公平贸易美国	美国华盛顿	202-391-0525

资料来源：FLO 官方网站，https：//www.fairtrade.net，由作者整理。

公平贸易市场推广组织在其所在国进行公平贸易产品的市场和公平贸易理念宣传，类似于国家公平贸易组织，但公平贸易国际许可证的标记在这些国家（表2-4）。

表2-4 公平贸易市场推广组织基本情况

序号	国家级公平贸易小生产组织	总部所在地	电话/邮箱
1	巴西公平贸易协会	—	info@ fairtradebrasil.com
2	捷克共和国公平贸易协会	捷克布拉格	info@ fairtrade-cesko.cz
3	中国香港公平贸易联盟	中国香港	info@ fairtradehk.org
4	印度公平贸易联盟	印度新德里	+91 9899111320 info@ fairtradeindia.org
5	波兰公平贸易协会	波兰克拉科夫	+48 603 363 721 fairtrade@ fairtrade.org.pl
6	菲律宾公平贸易营销组织	菲律宾宿雾市	—
7	斯洛伐克公平贸易	捷克布拉格	info@ fairtrade-cesko.cz
8	韩国公平贸易基金会	韩国首尔	+82（0）2 725 0382 info@ fairtradekorea.org
9	中国台湾公平贸易推广协会	中国台湾台北	service@ fairtrade.org.tw

资料来源：FLO 官方网站，https：//www.fairtrade.net，由作者整理。

FLOCERT 总部位于德国波恩，并在哥斯达黎加、印度、南非、美国华盛顿特区开设了办事处，服务120余个国家。目前，该机构领导层设有 CEO 1人，董事会5人，其中董事长1人，董事4人，FLOCERT的团队包括客户开发、人力资源、财务、区域经理和审计员等6个部门组成，拥有120名全球贸易专家组成的团队，分布在4大洲的6个办事处，具有100多名高素质的审核员。

（2）国际公平贸易组织（FLO）的主要职能

FLO是一个伞形组织，负责订立公平贸易标准，支持、检查并认证公平贸易生产者，同时协调公平贸易运动。国际公平贸易组织主要负责6个方面的工作。一是负责制定新的公平贸易标准，最低价格和返款。二是协调全球公平贸易战略，评估公平贸易如何改进其工作成果和效率，领导全球战略的制定应对不断出现的挑战。三是支持公平贸易生产者，生产者网络是全球按区域组成，公平贸易认证的生产者组织可以分别加入。各个网络提供建议、培训和资金支持来加强生产者组织的能力。四是发展公平贸易市场，各国的公平贸易组织在国界内推广公平贸易并鼓励认证的公司使用公平贸易标识。销售组织在新的市场推广公平贸易。五是认证公平贸易。FLOCERT是一个独立认证公司，属于国际公平贸易，该公司检查生产者和贸易商确保其遵守公平贸易标准。六是倡导贸易公平，宣传公平贸易消费理念。

2016年底，笔者赴泰国、印度和尼泊尔考察了公平贸易精准扶贫模式在亚太地区的发展情况，并与亚太公平贸易联盟进行了座谈，对公平贸易亚太地区组织的运行机制进行了初步的了解。目前，国际公平贸易联盟亚太地区组织是三个生产者网络组织之一。公平贸易亚太地区联盟总部设在印度，注册地在新加坡。公平贸易在亚太地区的发展历史比较短，最早是香港乐施会于2002年在中国香港成立香港公平贸易组织。2015年公平贸易亚太地区联盟设立，该组织实行理事会制度，设置CEO 1名，理事会成员5名，理事会成员分别来自亚太地区各国公平贸易认证的合作社理事长，由认证成员代表投票选举产生。公平贸易亚太地区联盟的机构主要由合作社指导部、市场营销部、认证部、监督部组成。合作社指导部主要负责对通过认证的小农户组织进行规范化建设的指导，开展亚太地区公平贸易认证合作社的能力提升培训，对其按照公平贸易生产者标准进行生产的行为进行管理，以及公平贸易新认证合作社的辅导等。公平贸易亚太地区生产者网络重点关注市场准入、市场连接、影响社会,支持合作社能力建设,加强市场连接。2017年以来,公平贸易亚太地区联盟开展了五个方面的工作,一是为小农户、工人提供更多的福利;二是开展具体的推广活动;三是构建公平贸易的市场;四是加强对公平贸易的政策引导;五是加强组织内部管理。

(3) FLOCERT 的主要职能

FLOCERT 负责提供公平贸易认证服务,同时对世界各地的生产商和贸易商进行独立检查,以验证其是否遵守公平贸易标准。在此过程中,确保公平贸易体系对其核心仍然可信。确保消费者看到他们购买的产品上的公平贸易标志时,可以确定它是通过一个对每一步都负责的供应链生产出来的。在最基本的层面上,公平贸易确保全世界发展中国家的小规模农民和工人有机会获得可持续的生活。作为传统贸易的替代方案,公平贸易保证生产者能获得公平贸易产品的最低价格和高额回报,生产者承诺投资于自身企业和社区[①]。

2.3.2 FLO 组织的运作方式

FLO 模型的一个主要目标是通过提供价格保护,以消除市场价格波动对贫穷的小生产者的影响——这些生产者在价格下跌时几乎没有任何资源来缓冲这种影响。FLO 模型的核心是经过认证的销售商必须直接向经过认证的生产者组织购买产品,并向其支付不低于 FLO 设定的最低价格,以便生产者可以收回生产成本,维持可持续的生计和生产;并且销售商还必须向生产者支付用于生产者所在社区的社会、经济或环境发展的社区返款(social premium)。

(1) 以贸易的方式支持小生产者组织

公平贸易不直接支持小生产者,而是通过支持小生产者的组织——以合作社为主——来为小生产者提供支持。公平贸易支持的重点是以家庭为基础的、脆弱的小生产者,希望获得公平贸易支持的小生产者们必须成立自己的组织。为了确保小生产者组织能够真正代表其成员,公平贸易要求小生产者组织是由其成员所有的,并且由成员通过全体大会民主控制,且成员们民主选举产生组织的领导者,后者要对小生产者组织负责。

---

① 资料来源:htttps://flocert.net。

在一个越来越受价值链和全球化规则支配的世界里，竞争力是生存的条件，而成立生产者组织是提高小生产者的竞争力的一个有效途径。实践表明，在发展中国家，作为小生产者自己拥有、自己控制的组织，小生产者组织（主要是合作社、协会）在提升成员和当地社区的社会经济条件方面可以发挥重要作用。与小生产者独自经营相比，成立一个生产者组织可以为他们带来很多好处。

首先，与单个小生产者相比，小生产者组织在价值链中可以拥有更大的影响力。成立了小生产者组织，小生产者们可以完成他们自己无法实现的集体功能。单个小生产者对购买其产品的收购商、大型农业企业或食品企业的影响力很小，但是如果与小生产者组织里的其他小生产者合作，他们就可以在市场上产生相对较大的影响，即获得更多议价权力，通过谈判获得单个小生产者所无法得到的、更好的价格和条件。

其次，成立小生产者组织有效地减少了供应链上的中间环节。小生产者组织可以让小生产者们更好地控制他们的产品，让他们绕过一个或多个中间商进入市场渠道。而且，相对于单个生产者，小生产者组织可能达到足够的规模，开始进入能产生更大附加值的农产品加工环节，向价值链下游进一步融合，获得更多的回报。随着他们切实体会到集体行动带来的益处，小生产者们的市场竞争力将得到加强，经济和社会地位得到改善，并逐渐走上可持续的自我发展道路（泰国的象山咖啡合作社就是一个成功的案例）（图2-3）。

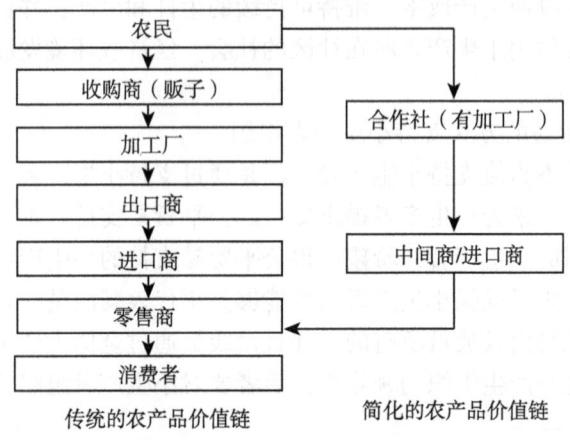

图2-3　农产品价值链

最后，通过小生产者组织，小生产者们可以更好地获得资源和服务。例如，由于信息不对称和缺少抵押物等原因，小生产者们很难从正规金融机构获得贷款，进行生产性的投资活动，成立合作社可以有效地帮助他们解决这一问题。

(2) 通过标签和认证向消费者传达可靠信息

发展公平贸易的一个重要前提是消费者可以比较容易地将公平贸易产品与其他产品区别开来。公平贸易的一个重要理论基础是消费者愿意购买以对社会和环境负责的方式生产的产品（即公平贸易产品），并愿意为此支付较高的价格。但是，尽管如此，如果没有一个可靠的方法能让消费者将此类产品与常规方法生产的产品区分开来的话，公平贸易产品就没有市场。这是因为公平贸易产品是一个由有形的物理属性和无形的社会和/或环境属性共同构成的，而后者是公平贸易产品的一个最重要的基本属性。但当其社会和/或环境属性无法直接观察到的时候，消费者无法了解其购买公平贸易产品行为的社会和环境意义，因为所有生产者都可以声称自己采用的是对社会和环境负责任的生产方式。所以，发展公平贸易的一个重要前提是要向消费者提供可靠的信息，让他们能够很方便地识别公平贸易产品，即让产品的社会/环境属性从无形变为有形。

为了解决上述问题，FLO 采用了公平贸易标签和全价值链认证的方法。如果一个产品上贴有公平贸易标签，向消费者传达的信息是：该产品符合公平贸易的标准，即生产者以对社会和环境负责的方式生产出该产品，而销售商也承担了社会和环境责任，即其向生产者支付的价格足够生产者收回生产成本、维持生计。为了确保消费者信任标签传递出的信息，FLO 要求对整个价值链的每一个链节——从生产者到销售商——进行认证：即只有当一个产品的价值链上的所有生产者和销售者都经过了认证，最终到达消费者手中的产品上才可以带有公平贸易的标签。从这个角度看，通过向消费者提供信息，公平贸易标签和认证提高了市场效率，促进了互利交易的发生。

根据价值链上各类参与者所起的作用，FLO 制定了两套公平贸易标准：一套适用于小生产者组织；另一套适用于销售商。认证由一个第三方的独立机构 FLO-CERT 进行，以确保认证过程和结果公正、独立、透明、可信。对生产者组织认证的重点是确保生产者组织满足了最低要求，能使 FLO 模型发挥作用。例如，有一个由小生产者民主控制的机构，民主决定如何使用社区返款，符合相关的社会、环境国际标准。对销售商的认证重点则是确保他们销售的公平贸易产品全部是从经过认证的生产者组织购买的，并向生产者组织支付了不低于公平贸易最低价格的价格和社区返款。

（3）价格保护——最低价格

FLO对大多数公平贸易产品规定了一个公平贸易最低价格：销售商支付给公平贸易生产者的价格不得低于公平贸易最低价格。这个价格旨在为生产者提供价格保护，使其有能力支付可持续生产的成本，应对市场波动对其造成的冲击。当市场低迷（市场价格下滑到低于公平贸易最低价格的水平）时，生产者依然可以收回生产成本，而当市场需求高涨时，生产者也可以较高的市场价格成交，以获取更多利润。

以咖啡为例，非有机Arabica咖啡豆的公平贸易最低价格为每磅（1磅=0.454千克）1.21美元。在过去的30年里，Arabica咖啡豆价格变化剧烈，但是，在大多数年份里，Arabica咖啡豆的市场价格都低于公平贸易最低价格（图2-4）。这意味着，公平贸易为公平贸易咖啡豆的种植者们提供一定价格保护，使他们可以获得相对稳定的收入。

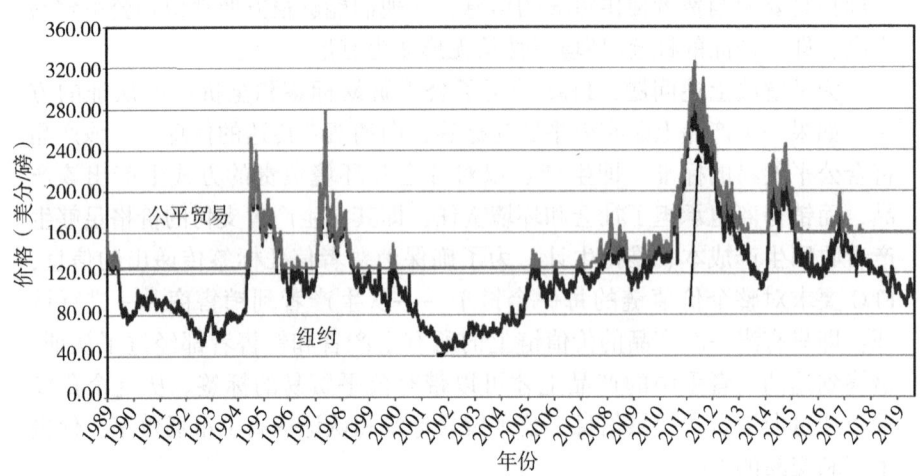

图2-4　咖啡价格（1989—2019年）

（数据来源：https：//www.fairtrade.net/）

尽管有公平贸易最低价格的规定，公平贸易生产者得到的价格是由买卖双方共同决定的，而公平贸易并不控制或影响消费者为一个产品支付的最终价格。

最低价格保证了公平贸易产品收购价格的稳定，避免了大幅波动，这是一般市场所不能给予的（曲如晓 等，2009）。渠道商向公平贸易生产者支付的公平贸易最低价格是由公平贸易标准和定价部门制定的。它适用于大多数经公平贸易认证的产品。设定最低价格的目的是确保生产者可以负担可持续生产的平均成本。在全球市场价格降至可持续水平以下时，最低价格为农民提供了一个安全网。如果市场价格高于公平贸易最低价格，那么买家将按照较高的价格进行支付。生产者和销售商也可以谈判，根据产品质量和其他属性确定一个高出最低价格的相对合理的交易价格。这一做法体现了公平贸易对获得公平贸易认证的小农户给予了应对市场价格波动的价格保护机制。

（4）社区返款

公平贸易组织给生产者带来的第三个支持是社区发展基金返款。社区发展基金返款由公平贸易组织直接返还给生产者组织，这是生产者销售产品之后额外得到的返款，根据农民专业合作社在公平贸易体系下的交易产品种类、交易总额进行第二次分配，并规定农民专业合作社获得的返款只能用于社区发展建设、改善农户生产条件和提高农户技能培训等方面。社区返款（或返款）是为了帮助生产者改善他们的生活质量而设计的。返款是在双方商定的公平贸易价格之上支付的，所有公平贸易销售商在向经认证的小生产者组织采购公平贸易产品时，都必须向后者支付社区返款。不同的产品获得返款的比例不同，同一产品不同等级获得的返款也不相同。社区返款的比例是公平贸易产品标准的重要内容之一。比如，茶叶按茶尖、茶粉等品类取得不同的返款比例。以咖啡豆为例，在支付了公平贸易最低价格或双方约定的高于最低价格的价格以后，销售商还必须向咖啡种植者组织支付社区返款，在 2008 年之前，咖啡的返款标准为每磅 10 美分，现在提高到每磅 20 美分。小生产者们必须以民主的方式自行决定如何使用返款，改善小生产者们的生产条件（如修建生产设施、购买设备、物资和服务，引进新技术，采用有机生产技术等），或向社区发展投资（如对社区基础设施投资，建学校、诊所，提供教育奖学金，改善水处理系统等）。

（5）金融等其他支持和服务

FLO 还通过各种方式向小生产者组织提供其他支持和服务。例如，小生产者们经常面临的一个难题是缺少资金，难以开展所需的投资活动。对此，FLO 要求销售商向小生产者组织提供高达合同金额 60% 的预付款，以缓解小生产者组织的资金压力。但是销售商可以向小生产者组织收取利息。FLO 并不规定具体的利率，但是 FLO 建议生产者组织检查在当地是否可以以更低的利率获得贷款。

（6）公平贸易推动农民合作组织完善内部治理，保障农民参与经营决策的权益

农民专业合作社是新型农业经营主体，是将分散经营的农户与大市场紧密连接起来的重要"桥梁"。近年来，我国农民专业合作社快速发展，据国家工商行政管理总局（现国家市场监督管理总局）统计，2017 年全国农民专业合作社有 193.3 万家，入社农户超过 1 亿户。然而，当前农民专业合作社仍存在近 2/3 的"小微社""僵尸社""空壳社"，且农民专业合作社普遍面临治理运营不规范的问题，具体表现为合作社领办人与社员的利益联结不紧密，合作社管理机构形同虚设，合作社财务管理混乱、人才缺乏等问题。公平贸易推动合作社社员与合作社更紧密的利益联结，赋予了农民更多的权利。公平贸易标准规定，合作社每年至少召开社员全体会议，按照一人一票的原则，投票决定返款基金用于哪些方面。

（7）第三方监督机制保障公平贸易参与者按照公平贸易原则运作

公平贸易组织建立的第三方监督人是审计员，每年会不定期派不同国家的审计员到合作社进行审查，以规范合作社的生产、组织管理等行为。例如，公平贸易社区发展基金的返款使用受到公平贸易组织的监督、评估和审计。如果在返款的使用方向、使用程序上存在问题，那么公平贸易组织将令其整改，如果不进行整改将停止其公平贸易资格，退出公平贸易体系。公平贸易组织建立了第三方监督同时也约束渠道商的行为，使消费者的爱心和情怀能够真正地回馈到生产者端。

2.3.3 WFTO 组织的基本架构与职能

随着国际公平贸易运动的发展，各国公平贸易组织开始有了加强国际交流与合作的需求。在这一背景下，1989 年，WFTO 在荷兰成立。WFTO 的成员范围很广。他们代表着公平贸易供应链，从生产到销售，还包括诸如共同利益的资助组织，为生产提供金融服务和资助。

WFTO 的区域网络包括亚洲公平贸易论坛（现在的亚洲公平贸易论

坛，WFTO Asia)，非洲公平贸易合作（现在的非洲和中东公平贸易论坛，WFTO Africa and Middle East)，拉美裔美国人协会（现在的WFTO拉丁美洲，WFTO Latin America) 和 IFAT Europe (现在的 WFTO 欧洲，WFTO Europe)。国家公平贸易组织包括孟加拉国的 ECOTA 公平贸易论坛、尼泊尔的公平贸易组织、菲律宾公平贸易的联系伙伴、印度的公平贸易论坛、肯尼亚的替代贸易联盟等。

2.3.4 WFTO的运作方式

在制定公平贸易产品标签的同时，WFTO 为公平贸易组织制定了一个监测系统。为了加强这些组织对政治决策者、主流企业和消费者的公信力，国际公平贸易论坛于 2004 年 1 月设立了公平贸易组织标志。FTO 标记提供给符合 IFAT 监察系统要求的会员组织，并确认它们为已注册的公平贸易组织。

IFAT 的成员认为，FTO 的标签不能作为产品标签，不足以让他们在有标签意识的市场上获得知名度。2009 年加德满都年度大会（AGM）期间，国际替代贸易联合会（The International Federation of Alternative Trade，IFAT) 更名为世界公平贸易组织（World Fair Trade Organization，WFTO)。同年，该组织率先在全球举办了世界公平贸易日庆祝活动。重组自身品牌的举措是将 WFTO 打造成全球公平贸易主要参与者之一计划的一部分。

2011 年蒙巴萨会议期间，WFTO 成员决定建立一个新的公平贸易体系。根据该决定，WFTO 董事会被指派成立一个工作组，负责设计一个系统，为公平贸易组织的产品标签铺平道路。该小组由公平贸易核查和监测领域的专家组成。

在 2013 年的里约会议上，WFTO 的成员们批准了新的担保制度（GS)，此前该制度是由工作组连同作为系统测试一部分的试点组织的报告和反馈一起提交的。GS 有五个组成部分：改进的会员申请程序，自我评估，同行访问，监测审计和公平贸易责任观察。GS 对认证组织采用 WFTO 公平贸易标准，其中包括一套基于公平贸易和国际劳工组织（ILO）公约 10 项原则的合规标准。

新的担保制度（GS）改革了公平贸易核查机制。GS 可用于核实任何类型的贸易组织是否遵守公平贸易规定，因此不与产品的特点挂钩。考虑到许多是小型公平贸易组织，每年生产各种不同的产品，这取决于市场需求和趋势，因此它的开发是为了解决 WFTO 各类贸易组织的问题。成功通过 GS 认证过程的成员成为有保证的成员，并且能够在他们的产品上使用 WFTO 产品标签。这是一个保证公平贸易组织的标签，可用于产品上，作为买方和消费者的保证，保证成员遵守了公平贸易标准。

2.4 国际公平贸易的发展历程与特点

2.4.1 公平贸易在全球的发展历程

20世纪50年代，一些宗教性的贸易组织在英国、荷兰、德国等欧洲国家出现，这些组织从欠发达国家和地区购买手工艺品和少数农产品，然后卖到本国的零星消费者，来帮助欠发达国家和地区的农户增收。20世纪60—70年代，公平贸易运动在欧美国家进一步扩展。1969年世界第一个销售符合公平贸易规则产品的世界商店在荷兰诞生，随后比利时、卢森堡、德国都有了公平贸易产品世界商店。20世纪80年代，荷兰非传统贸易组织禾众基金会（Solidaridad）发起了世界公平贸易标签行动，让公平贸易产品销售从世界商店走向了消费者经常去的超市、便利店等零售渠道。20世纪80年代末到90年代初，公平贸易标签行动在欧美国家迅速发展，1997年，国际公平贸易标签组织在德国波恩成立，2002年，国际公平贸易标签组织发起了国际公平贸易认证标签，提升了公平贸易产品的识别度，简化了进出口程序。2004年，国际公平贸易标签组织分离为国际公平贸易标签组织和国际公平贸易认证组织。国际公平贸易标签组织负责国际公平贸易标准的制定和生产者指导，国际公平贸易标签组织负责认证和审计通过认证的生产者、渠道商。

公平贸易的概念出现于20世纪40年代。当时，随着技术发展，生产规模扩大、运输条件改善，国际贸易越来越活跃。但是在欧洲，一些有情怀的消费者——后来的公平贸易的提倡者们——发现由于不公平的国际贸易条件，位于价值链最末端的生产者（特别是发展中国家的农民）得到的回报被压低，他们入不敷出，甚至不能收回生产成本。贸易不但不能让发展中国家农民受惠，反而让他们越来越贫穷。为了改变这一状况，公平贸易的发起者们提出要通过与生产者和工人紧密合作，改善贸易条件，让他们在经济上实现自给自足，提高自我发展的能力，从而减轻南半球的极度贫困，缩小南北差距，降低经济全球化对发展中国家所带来的负面影响，促进国际贸易中的公平性。公平贸易的发展可以大致划分为三个阶段：萌芽阶段、快速发展阶段、稳健发展阶段。

(1) 萌芽阶段（20世纪40—50年代）

在美国，1946年门诺派教会中负责社会服务、救济与发展的部门分别从波多黎各、海地等贫穷的农村地区进口了一些编织或木刻等手工艺品，然后分销给教友或社会人士，以协助弱势的农村妇女脱贫。1958年门诺派教会设立了工艺品专卖店，专门销售此类产品。这些小型的、私人的、善意的做法标志着公平贸易在美国的开端。在欧洲大陆，英国的"乐施会"（Oxfam）是欧洲的公平贸易先驱。早在20世纪50年代末期，它就在中国香港协助把穷人生产的工艺品通过其在英国的商店销售出去。

这个时期的公平贸易除了筹款目的外，几乎没有别的功能，而且销售的产品不外乎是手工艺品，从黄麻制品到十字绣，绝大部分产品都在世界商店（Worldshops）里销售。

(2) 快速发展阶段（20世纪60—70年代）

20世纪60年代末，公平贸易真正登上了世界舞台。由于北方国家的社会运动及南方国家的反对新帝国主义的政治运动的兴起，尤其是1968年联合国在印度德里的第二届"贸易与发展会议"（UNCTAD）中，发出了"要贸易，而非援助"（Trade not Aid）的呼声，要求联合国协助建立公正的南北贸易关系，而不再只是北方国家获取国际贸易中的绝大部分利益。因此，到60年代末期，公平贸易已具备大致清楚的方向和初步的运作。

这段时期的公平贸易倡导者多为欧美国家的慈善及宗教组织。这些团体在1969年成立了第一个公平贸易商店，专门销售南方国家农村地区生产的工艺品。乐施会发起的"贸易要公平"行动也快速传播到邻近欧洲国家。一些关注南方小农户脱贫的团体也设立了"第三世界商店"销售蔗糖。20世纪70年代，在欧洲出现了大量公平贸易商店。

这一时期，公平贸易达到一个小高潮。一方面，由于欧美社会对公平贸易工艺品的需求快速提升——异国情调的产品，为生活起居的环境添加了新意与实用。另一方面，南方国家的许多小农生产者或组织（如合作社、农民协会等）的积极性也被调动起来。然而当时这种贸易思想还比较激进，它将公平贸易与传统贸易对立起来，试图通过世界商店在传统贸易所占领的主流市场之外寻找另一个市场，并逐渐取代传统贸易，占领主流市场。这种激进的贸易思想限制了公平贸易商品市场化及广泛普及。

（3）稳健发展阶段（20世纪80年代至今）

这一阶段的公平贸易与此前的公平贸易有很大的不同，它主张通过一种比较温和的方式来扩大公平贸易产品的市场份额，即在现有的市场中寻求自己的市场，而不是与主流市场对立起来。这便是现代意义上的公平贸易。

另外，20世纪80年代初，公平贸易发展遇到了瓶颈：随着手工艺产品销售的下滑，公平贸易的支持者开始重新思考他们的营运模式及目标。更重要的，许多支持者在这段时间开始关心农产品价格下滑对于贫困农民所造成的冲击。许多人认为，公平贸易运动有责任找出一种适当的方法来帮助解决这个行业的危机。

进入20世纪80年代以后，公平贸易发展呈现两个重要特点。一是在经济全球化背景下，非传统（另类）贸易组织（Alternative Trade Organization，ATO）开始大规模联盟。国际公平贸易组织几乎都是在这一时期诞生的，例如欧洲公平贸易协会（EFTA）。EFTA是由来自1个欧洲国家的13个非传统进口组织组成的，其主要使命是通过游说将公平贸易原则延伸至欧洲的一般贸易实践。1989年，由47个国家15个组织成立了国际非传统贸易基金会（IFAT）。IFAT的主要使命是通过贸易和信息交换改善弱势群体的生活条件。1997年，公平贸易标签组织（FLO）成立。这些公平贸易联盟组织的成立标志着各国公平贸易组织开始在一个统一的公平贸易旗帜下联合起来。另外，公平贸易联盟组织的大量出现及融合并没有完全排挤非传统贸易的世界商店的存在。1998年更广泛的联合促使了FINE的诞生——FINE是其4个发起组织FLO、IFAT、NEWS和EFTA的首字母缩写。二是公平贸易标签的兴起。虽然公平贸易概念已经出现了50多年，公平贸易产品不断增长的销售额也令人瞩目，但是公平贸易产品的销售渠道狭窄。到了20世纪80年代初，公平贸易产品仍然只能出现在零星的世界商店里。可是，这种"直接"营销的方式却跟不上现代的生活模式与步调，因为即便是最支持公平贸易的顾客都可能会觉得购买公平贸易产品很不方便。要增加销售机会，只有一个方法，就是在消费者经常光顾的商店里销售公平贸易产品。唯一的问题便是，如何能增加销售渠道，但却不减少消费者对公平贸易商品及其来源的信心。正是在这一背景下，公平贸易组织创造并使用了公平贸易标签让消费者辨别公平贸易产品。第一个公平贸易消费者保护标签是1988年芬兰的禾丰基金会推出的。为了将公平贸易产品推广给主流零售商，禾众基金会（Solidaridad）创造了一个既能增加公平贸易销售额又不影响消费者对其产品和产地信任的方式，它设计了一个标志"Max Havelaar"，代表咖啡是从民主治理的小农户合作社直接采购的，而且价格足以弥补生产成本。这个标志是以一本19世纪畅销书的作者命名的，他勇敢揭露了荷兰殖民商人对印度尼西亚爪哇咖啡种植园工人的剥削。这个独立的认证使得公平贸易产品能在世界商店以外销售，进入主流市场，接触到更多的消费者，让公平贸易商品的销售显著增长。这个标签行动同时也让消费者及销售商能追踪产品的来源，以确保让供应链另一端的生产者受益。这个想法引起广泛关注。在接下来的几年，陆续出现了许多类似的公平贸易标签（如公平贸易基金会于1994年推出了第一个带有公平贸易标识的产品）和非营利公平贸易标签组织。1997年，标签运动催生了公平贸易标签组织（FLO）的成立：英国、法国、德国、比利时等欧洲13个国家和美国、加拿大、日本等国家的公平贸易联合组织成立了公平贸易标签组织（FLO）。2003年，FLO发行了一个新的国际公平贸易标签，并形成了公平贸易国际组织（FLO）和公平贸易标签组织（FLOCERT），以提高该公平贸易产品在超市货架上的识别度，便利跨境贸易，以及为进出口商简化进出口程序。

2.4.2 现阶段国际公平贸易市场的主要特点

（1）公平贸易支持的农民专业合作社和小农户数量持续增长

2010—2021年，取得公平贸易认证的小农户合作社（协会）呈稳步增长趋势。2021年取得国际公平贸易认证的小农合作社达到1 930家，比2010年增长113.3%；2021年，国际公平贸易支持的小农户共有184.7万人，是2010年的近2倍（表2-5）。从国别分布来看，2021年取得认证生产者数量位居世界前6位的分别为科特迪瓦（272家）、秘鲁（279家）、哥伦比亚（157家）、印度（115家）、肯尼亚（100家）、墨西哥

(70家），中国有26家①。

表2-5 2010—2021年公平贸易在全球支持的小生产者情况

年份	公平贸易支持的小生产者（个）	公平贸易认证小生产者组织的农户（万人）	公平贸易加工厂的工人数（万人）	合计（万人）
2010	905	93.84	16.28	110.32
2011	991	107.08	16.82	124.10
2012	1 139	122.52	18.75	141.47
2013	1 210	130.55	21.90	152.65
2014	1 226	144.79	20.40	165.39
2015	1 240	138.90	19.60	158.50
2016	1 411	147.90	18.60	166.50
2017	1 599	152.01	19.30	171.31
2018	1 707	160.50	17.80	178.30
2019	1 822	171.60	17.40	189.00
2020	1 880	177.20	17.90	195.10
2021	1 930	184.70	18.20	202.90

数据来源：FLO官网，https：//www.fairtrade.net/，由作者整理。

(2) 公平贸易小农户主要生产咖啡、可可和茶叶

根据FLO数据，认证的公平贸易产品主要有香蕉、蔗糖、可可、咖啡、花草、籽棉、茶叶，这7种产品生产吸纳的公平贸易小农户和工人数量占公平贸易认证小农户和工人的比重超过93%，其中咖啡小农户生产者达到87.3万人，可可小农户生产者达到45.7余万人，茶叶小农户生产者达到40余万人。2021年可可小农户生产者比2015年增长了132.2%，香蕉小农户增长了56.1%，花草小农户增长了45%，茶叶小农户增长了15.7%（表2-6）。

---

① 数据来源：https：//www.fairtrade.net/impact/fairtrade-producers-overview。

表 2-6　2015—2021 年按产品划分的公平贸易工人和农民人数　　单位：人

产品	2015 年	2016 年	2017 年	2019 年	2020 年	2021 年	2021 年比 2015 年增减情况（%）
香蕉	23 000	22 000	25 000	34 973	36 482	35 895	56.1
蔗糖	62 000	54 000	55 000	37 075	36 731	35 895	-42.1
可可	197 000	226 500	263 800	415 971	440 226	457 347	132.2
咖啡	767 200	795 500	762 400	795 023	838 116	872 916	13.8
花草	49 000	54 100	57 900	67 199	73 220	71 060	45.0
籽棉	44 400	46 300	45 200	43 282	44 480	40 033	-9.8
茶叶	346 000	352 150	392 700	378 753	390 422	400 402	15.7
小计	1 488 600	1 550 550	1 602 000	1 772 276	1 859 677	1 913 548	28.5
全部	1 585 000	1 665 000	1 713 100	1 890 000	1 951 000	2 029 000	28.0
主要产品中农民和工人占比（%）	93.9	93.1	93.5	93.8	95.3	94.3	—

数据来源：FLO 官网，https://www.fairtrade.net/，由作者整理。

（3）消费市场与生产市场在地域上的分离

公平贸易是一个由消费者发起和依靠消费者支持的贸易体系，其突出的特点是消费市场与生产市场在地域上的分离。公平贸易的生产地相对集中在非洲、拉丁美洲和加勒比地区以及亚太的发展中国家和地区。从地区来看，国际公平贸易支持的小农户组织主要分布在拉丁美洲和加勒比地区，2015 年拉丁美洲和加勒比地区的认证公平贸易小农户组织达到了 665 家，占全球公平贸易认证小农户组织的 53.6%；从增速来看，2010—2015 年，亚太地区取得公平贸易认证的小农户组织数量增速最快，增幅达到 55%；非洲和中东地区取得公平贸易认证的小农户组织数量增幅为 40%，拉丁美洲和加勒比地区取得公平贸易认证的小农户组织数量增幅为 30%；从认证合作社的绝对数量变动来看，2010—2015 年拉丁美洲和加勒比地区取得公平贸易认证的小农户组织数量增加最多，达到 156 个，是亚太地区的 2.2 倍（表 2-7）。

表 2-7 2010—2021 年取得认证的公平贸易小农户合作社情况

年份	全球总量（个）	公平贸易小农户合作社区域分布（个）			公平贸易小农户合作社的区域占比（%）		
		亚太地区	非洲和中东地区	拉丁美洲和加勒比地区	亚太地区	非洲和中东地区	拉丁美洲和加勒比地区
2010	905	129	267	509	14.3	29.5	56.2
2011	991	137	316	538	13.8	31.9	54.3
2012	1 139	161	390	588	14.1	34.2	51.6
2013	1 210	182	404	624	15.0	33.4	51.6
2014	1 226	187	392	647	15.3	32.0	52.8
2015	1 240	200	375	665	16.1	30.2	53.6
2016	1 441	236	444	731	16.4	30.8	50.7
2017	1 599	261	535	803	16.3	33.5	50.2
2018	1 707	268	597	842	15.7	35.0	49.3
2019	1 822	282	634	906	15.5	34.8	49.7
2020	1 880	303	627	950	16.1	33.4	50.5
2021	1 930	300	660	970	15.5	34.2	50.3

数据来源：FLO 官网，https：//www.fairtrade.net/，由作者整理。

（4）公平贸易产品种类日益增加，从手工艺品为主逐渐转变为以农产品为主

1992 年，手工艺品占公平贸易产品的 80%，其余 20% 是农产品，但在 2002 年，手工艺品仅占 25.4%，而食物产品却增加到 69.4%。随着公平贸易的发展，现在上千种产品上可以找到公平贸易的标志，包括热饮，果汁，新鲜水果和蔬菜，饼干，烘焙和糖果，糖，蜂蜜，大米，葡萄酒，坚果和非食品，包括鲜花，黄金，足球和棉花。随着标签的使用，公平贸易产品的种类也出现了多样化，由传统的咖啡、可可、茶叶发展到果汁、白酒、香蕉、鲜果、干果、糖、大米、蜂蜜、花束、棉花等。2017 年，果汁的销售额几乎翻了两番，糖增长了 2 倍，香蕉增长了 72%。老牌的公平贸易产品咖啡依然稳定增长了 19%（表 2-8）。

表 2-8 2017 年公平贸易认证生产者的生产情况

产品①	产量	单位	增长率	常规	有机
花草	834 750	1 000 items	1%	100%	
香蕉	641 727	MT	11%	38%	62%
可可（可可豆）	214 662	MT	57%	85%	15%
咖啡（绿豆）	214 106	MT	15%	43%	57%
糖（蔗糖）②	207 222	MT	30%	77%	23%
茶（山茶）	10 724	MT	−12%	71%	29%
棉（棉绒）③	8 311	MT	—	27%	73%

注：①这些数量是针对 7 个产品的，大约占公平贸易体系中生产者的 90%。无论最终市场目的地如何，报告的交易量都是按照公平贸易条款进行的。②由于报告的销售量是在 2016 年出版截止日期之后进行的，因此对 2016 年的糖销售量进行了调整。糖的收获期大约持续 6 个月，视地区而定，通常与基于日历的销售报告期不一致。收成与报告期之间的这种不匹配会导致食糖销售数字每年波动。③此处报告的棉花销量数据来源与 2016 年不同，因此无法直接比较。2017 年数据来自其客户报告并由 FLOCERT 收集的生产商销售量，这与本报告中其他产品所使用的来源相同。由于棉花供应链的高度复杂性，某些交易可能未反映出来。作为参考，使用与上一次报告相同的基于市场销售的数据源，2017 年记录的交易量为 10 799 吨，增长率为 33%。

2.5 国际公平贸易发展的案例分析

本节以产品为线索分析国际公平贸易发展状况，具体地，选取公平贸易认证中咖啡、茶叶、香蕉这 3 种公平贸易产品，分析各类产品的公平贸易认证生产者组织、生产者情况，公平贸易认证生产者的生产、贸易情况、公平贸易返款情况，以及对减贫效果等进行总体性分析。在此基础上，分析咖啡、茶叶、香蕉的公平贸易生产者参与公平贸易体系的主要做法和获益情况，分析国际公平贸易对小农户和工人的生产生活的影响①。

2.5.1 公平贸易与咖啡

（1）公平贸易咖啡的总体情况

从公平贸易产品的产量和涉及的认证生产者组织数量来看，咖啡是公

---

① 国际公平贸易组织亚太地区高级顾问赵钧博士为本部分案例研究提供了象山公平贸易咖啡、加勒比公平贸易香蕉等具体典型案例的基础资料。

平贸易产品范围内最重要的产品。截至 2017 年，全球共有 32 个国家/地区①拥有 582 个经公平贸易认证的咖啡生产者组织，比 2016 年增加了 8%（表 2-9）；共有 762 392 名农民成员，比 2016 年减少了 4%，公平贸易咖啡农户占所有公平贸易农户的 50%，其中 18% 为女性；公平贸易咖啡种植面积达到 938 158 公顷，比 2016 年下降 10%；2017 年公平贸易生产者组织生产的咖啡共计 633 854 吨，比 2016 年增加了 17%，其中 86% 的公平贸易咖啡来自拉丁美洲和加勒比地区；公平贸易咖啡的销量达到 214 335 吨，比 2016 年增长了 15%。公平贸易咖啡农获得了 8 400 万欧元溢价收益，比 2016 年增长了 13%。

表 2-9 经公平贸易认证的生产者组织数量　　　　　　单位：个

年份	2013	2014	2015	2016	2017
认证咖啡组织数	439	445	475	537	582

咖啡行业面临着各种各样的可持续性挑战，从创纪录的低市场价格到气候变化的负面影响，从土壤肥力下降到性别失衡和老龄化的咖啡生产商。面对这些威胁，加深公平贸易的好处并提供良好农业规范（GAP）教育比以往任何时候都变得更加重要。咖啡行业的未来取决于能否持续满足客户期望的优质咖啡供应。然而，生产优质咖啡的成本高于市场出售价格，一般市场条件下的咖啡小农户常常以低于生产成本的价格出售咖啡。作为全球咖啡供应链中最重要的成员，农民必须为其生产的产品获得公平的补偿。公平贸易认证系统要求购买者支付最低市场价格，以保护公平贸易咖啡小农户的利益，确保在瞬息万变的市场环境中为农民提供经济稳定，同时要求在这个更加公平的价格下，公平贸易农户的行为必须受到约束和规范。如果市场价格超过公平贸易最低价格，农民将根据质量和其他因素与买方协商以更高的价格出售。公平贸易体系通过公平贸易溢价和对溢价收益的使用监管来实现公平贸易发展目标。

---

① 全球 32 个获得公平贸易咖啡认证的国家/地区如下：墨西哥、哥斯达黎加、萨尔瓦多、危地马拉、玻利维亚、秘鲁、厄瓜多尔、喀麦隆、圣多美和普林西比、几内亚、科特迪瓦、刚果民主共和国、印度尼西亚、东帝汶、泰国、印度、巴西、哥伦比亚、多米尼加、尼加拉瓜、洪都拉斯、卢旺达、布隆迪、马拉维、肯尼亚、坦桑尼亚、埃塞俄比亚、乌干达、中国、巴布亚新几内亚、越南、老挝。

(2) 公平贸易咖啡生产与贸易情况

2017年，全球共有582个公平贸易认证咖啡生产者组织，分布在32个国家中，按照公平贸易咖啡的交易量进行排序，主要的公平贸易咖啡供应国家有12个，分别为秘鲁、洪都拉斯、哥伦比亚、巴西、尼加拉瓜、墨西哥、印度尼西亚、危地马拉、埃塞俄比亚、哥斯达黎加、坦桑尼亚、越南（表2-10）。2017年，获得公平贸易认证组织最多、公平贸易咖啡交易量最大、获得公平贸易溢价最高的国家是秘鲁，该国共有157个公平贸易咖啡认证组织，占全球公平贸易咖啡认证生产者组织的27%；涉及公平贸易农户51 644户，咖啡种植面积为154 131公顷，公平贸易咖啡交易量为55 819吨，获得公平贸易溢价带动2 180.91万欧元，占全球32个国家公平贸易咖啡溢价总额的26%。涉及公平贸易农户最多的国家是埃塞俄比亚，公平贸易农户达到162 245户，占全球公平贸易咖啡农户总数的21.3%，该国获得认证的公平贸易咖啡生产者组织有7个，咖啡种植面积97 906公顷，公平贸易交易量为7 219吨，获得公平贸易溢价为282.05万欧元。

表2-10 2017年主要国家的公平贸易咖啡生产与贸易情况

序号	国家（地区）	认证组织数	公平贸易农户数	种植面积（公顷）	公平贸易交易量（吨）	溢价收益（欧元）
1	秘鲁	157	51 644	154 131	55 819	21 809 066
2	洪都拉斯	38	9 083	19 999	39 710	15 516 233
3	哥伦比亚	86	69 819	208 237	29 831	11 658 077
4	巴西	31	11 131	80 160	18 021	7 142 500
5	尼加拉瓜	33	19 657	88 275	13 515	5 276 316
6	墨西哥	45	32 475	32 852	12 867	5 027 926
7	印度尼西亚	24	33 633	27 034	8 752	3 420 827
8	危地马拉	15	12 948	41 859	7 257	2 834 187
9	埃塞俄比亚	7	162 245	97 906	7 219	2 820 531
10	哥斯达黎加	10	13 382	27 161	5 023	1 961 254
11	坦桑尼亚	8	67 078	8 906	1 858	735 468

(续表)

序号	国家 (地区)	认证组织数	公平贸易 农户数	种植面积 (公顷)	公平贸易交 易量（吨）	溢价收益 （欧元）
12	越南	13	738	1 385	1 411	551 214
13	世界其他地区	115	278 559	150 271	13 051	5 100 250
	总计	582	762 392	938 158	214 335	83 853 851

咖啡农对常规咖啡的公平贸易溢价为每磅 20 美分（0.20 美元/磅），对有机咖啡则为每磅 30 美分（0.30 美元/磅）。每磅至少 5 美分（0.05 美元/磅）的公平贸易溢价用于农场改造计划，旨在提高产量、质量和可持续性。

2015—2017 年，全球公平贸易咖啡的交易量和公平贸易咖啡溢价均呈上升趋势，2017 年公平贸易咖啡销量为 214 335 吨，比 2015 年公平贸易咖啡销量增加了 20%。2017 年公平贸易咖啡溢价收益达到 83 853 851 欧元，约为 8 385.4 万欧元，比 2015 年公平贸易咖啡溢价收益增加了 14 507 451 欧元，约为 1 450.7 万欧元，增长了 17.3%（表 2-11）。

表 2-11 2015—2017 年公平贸易咖啡的销售情况

指标	2015 年	2016 年	2017 年
公平贸易咖啡销量（吨）	179 585	185 875	214 335
公平贸易咖啡溢价（欧元）	71 346 400	74 192 766	83 853 851

（3）公平贸易咖啡的溢价分配情况

优质资金对社会项目和基础设施的投资已被证明是改善许多经公平贸易认证的咖啡生产社区生活条件的重要工具。公平贸易咖啡种植者民主地决定以对他们最重要的方式使用公平贸易溢价。从小农户生产者组织对公平贸易溢价的使用情况来看，2016—2017 年，公平贸易咖啡溢价主要用于以下四个方面：52%用于为农民提供服务，41%用于投资生产者组织，3%为会员提供信贷和金融服务，4%为其他服务。

在为农民成员服务的投资中，在公平贸易溢价的 52%中，几乎有一半用于直接付款以补充其收入，占公平贸易咖啡溢价的 24%，这与咖啡价格持续保持低位前景有直接关系。此外，在为农民提供服务的支出中，为农户成员提供农业工具和投入占公平贸易咖啡溢价的8%，实施农场最佳实践占公平贸易咖啡溢价的6%，对农民进行农业或商业实践培训占公平贸易咖啡溢价的4%，对会员进行教育服务占公平贸易咖啡溢价的1%，为社区提供社会和经济服务占公平贸易咖啡溢价的1%，为会员农户提供其他服务包括为农民提供肥料，农业工具和投入物的投资，以及农业和商业最佳实践方面的培训等，占公平贸易咖啡溢价的5%。

公平贸易溢价基金的另一个主要用途是投资于生产者组织，占公平贸易咖啡溢价的41%。主要包括对设施和基础设施的投资、行政成本以及通过培训来提升生产者组织的员工，董事会和委员会的能力。其中，设施和基础设施投资占公平贸易咖啡溢价的19%，人力资源与管理等行政成本占公平贸易咖啡溢价的17%，生产者组织员工，董事会，委员会培训能力建设资金占公平贸易咖啡溢价的5%。

（4）与联合国的可持续发展目标（SDGs）相关的公平交易溢价使用

与生产者组织融资成本，向农民提供肥料和工具以及对生产力和农业实践培训有关的公平贸易溢价投资，为SDG2（零饥饿）贡献了71%，根据联合国的定义，其中包括对小农的支持。SDG2旨在消除饥饿，实现粮食安全，改善饮食和营养以及促进可持续的农业实践。

SDG1（无贫困）对于公平贸易的使命至关重要。咖啡生产商组织为实现这一目标而进行的大部分公平贸易溢价支出都与信贷服务和将公平贸易溢价款项直接支付给农民成员有关。这些是减少家庭自付费用和增加收入的重要手段。

9%的公平贸易保险费基金通过提供奖学金和助学金，校服和课本，教育贷款和支付学费，为实现其他可持续发展目标［如SDG4（优质教育）］作出了贡献。通过为社区的社会或经济服务，道路投资，对弱势群体的支持以及社区基础设施的捐助，也为SDG11（可持续城市和社区）提供了支持。

（5）泰国象山咖啡与公平贸易

咖啡种植是在公元9世纪从埃塞俄比亚开始的，如今，咖啡已经是全球第二大大宗产品，仅次于原油，它也是价值最高、交易最广泛的热带农产品。2011年，全球共生产790万吨咖啡，出口量达到620万吨，出口总值达到235亿美元。咖啡种植业是劳动密集型产业，为农村地区创造了大量就业机会。全球80%的咖啡是由2 500万小种植者生产的，约1.25亿人口靠咖啡维持生计。

泰国是名列世界前20名的咖啡豆出产国，居住在清迈附近象山的阿卡人生产的象山牌Arabica咖啡豆的苦味和酸度恰到好处，以品质优良著称，被誉为"位列前1%内的咖啡豆"，很受北美消费者的喜爱。

阿卡人生产咖啡的历史并不长，只有30年左右，但是凭借着坚定的决心和信念，在没有政府和援助机构支持的情况下，阿卡人将种植咖啡发展成一个富有活力的事业，也使他们的社区一派欣欣向荣。本案例旨在通过回顾泰国象山咖啡产业发展的过程，说明公平贸易如何帮助小生产者摆脱贫困，走上可持续自我发展的道路。

①背景。象山位于泰国北部著名的金三角地区。这里山峦叠嶂，虽然土地肥沃，但是可耕地少，交通也十分不便。阿卡人——泰国的一个山地部落——很久以前来到这里定居下来。由于是外来民族，他们在泰国一直处于被孤立、被边缘化的状态，过着极端贫困的日子，而且泰国政府不承认他们为国民，不向他们提供医疗和教育服务。从20世纪初开始，阿卡人靠种植罂粟勉强维持自给自足的生活，但是，他们也因此饱受毒品所带来的战争、武装冲突。

20世纪80年代初，在联合国的帮助下，泰国王室决定在泰国彻底结束鸦片贸易，引进农作物来替代罂粟，如茶、咖啡、玉米等。居住在象山的阿卡人得到了优质的Arabica咖啡苗，茶，以及其他一些作物。这里气候适宜，土壤肥沃，非常适宜种咖啡。阿卡人用天然山泉水灌溉，不使用肥料及农药，手工采收咖啡豆，生产出来的咖啡豆质量上乘。

传统的咖啡供应链比较复杂：在从种植者到消费者的这一过程中，咖啡往往要被转手很多次。阿卡的小种植者们通常是将自己生产的咖啡豆卖给收购商，后者往往是大型咖啡公司、出口商的代理。收购商把收购的咖啡豆运到加工厂。经过加工以后，再由当地的出口商将咖啡豆卖给国际中间商，后者再将咖啡豆卖给烘焙公司。经过最终烘焙和包装后，烘焙公司将咖啡卖给零售商（如超市、咖啡馆），然后咖啡才最终到达消费者手里（图2-5）。

②成立小农户咖啡合作社。尽管咖啡属于经济作物，但是在种植、加工咖啡20年之后，阿卡人的生活却没有任何好转，他们陷入了绝望。这主要是因为虽然他们的咖啡豆质量好，但是阿卡人都是独立生产经营，没有销售经验，再加上又与世隔绝，只会说自己的语言，很难与外界沟通。

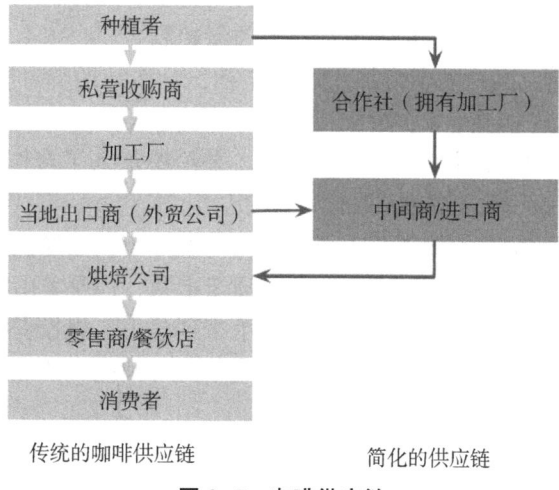

图 2-5 咖啡供应链

在咖啡豆的收获季节，阿卡人把自家生产的咖啡豆运到 70 千米以外的清迈（离他们最近的城市）去出售。在清迈，单个阿卡人根本没有任何议价能力，来自国外的咖啡豆收购商又采取各种措施阻止他们联合起来，因此咖啡豆价格被压至最低。阿卡人只能被收购商剥削，接受与其咖啡豆品质不相符的低价格，否则，他们就只能看着当年生产的咖啡豆烂在地里。而收购商用低廉的价格从阿卡人手中收购咖啡豆后，把咖啡豆与其他产地的咖啡豆混在一起加工后，再出售赚取高额利润。

由于泰国咖啡豆在市场上还没有名气，再加上咖啡豆价格的长期低迷和收购商的压价，阿卡人种植咖啡的收入非常微薄，甚至难以收回成本。他们既没有动力也没有能力和资源移植咖啡树，购买昂贵的、生产优质咖啡所必需的农业投入物品。因此，他们长期处于贫困而无法摆脱，年轻一代看不到希望，转而投向其他能带来更好回报的行业。

面对这一困境，2002 年阿卡人最终决定团结起来成立一个独立的咖啡合作社，由合作社统一收购成员生产的咖啡豆并统一销售给收购商，而不再是由单个咖啡种植者独自销售自己生产的咖啡豆。这样一方面可以避免阿卡人之间的价格竞争，另一方面，由于销量大，也可以提高合作社的议价能力，最终达到提高价格、获得更多利润的目的。

合作社还注册了自己的品牌"象山"。为了确保生产出来的咖啡豆是市场需要的、且能以阿卡人可以接受的价格售出，合作社从种植到烘焙和包装对咖啡豆生产的全过程采取严格的质量控制。

最初，共有 20 户阿卡人加入了合作社，合作社的咖啡园面积总共也只有 40 英亩（1 英亩≈4 046.86 平方米）。随着合作社的发展，周边地区越来越多的人对咖啡种植业增强了信心，并纷纷加入了合作社，2017 年，合作社的生产面积已经扩大到 11 000 英亩。

③通过公平贸易走向国际市场。泰国的咖啡市场已经供大于求，合作社要生存就必须要打入国际市场。尽管质量上乘，但是象山咖啡在国际上没有知名度。一些外国投资者和咖啡买手来到象山，想投资控制这里的咖啡生产。但是，阿卡人希望自己的劳动成果能得到应有的尊重，于是，合作社拒绝了这些投资者和买手。

为了打开国际市场，合作社将目光投向了与其理念一致的公平贸易国际（FLO）。与一般的咖啡合作社不同，在经过了公平贸易认证后，合作社与加拿大投资者合作在加拿大成立了一个公司，负责在北美地区按照公平贸易的条件销售合作社生产的咖啡豆：即咖啡豆价格不得低于公平贸易的最低限价，且要向合作社支付社区返款。

按照这一当时在咖啡行业内独一无二的商业安排，阿卡人继续拥有并控制在泰国的合作社以及国内的销售，并向加拿大公司提供咖啡豆；在加拿大成立加拿大象山咖啡公司，负责在北美烘焙、销售象山咖啡豆，阿卡人拥有公司 50% 股份，分享 50% 利润，公司的运行全部由加拿大象山咖啡公司负担，而阿卡人可以专心做好生产、质量控制、扩大产量。

这种合作方式使阿卡人立于不败之地：位于加拿大的公司用现金、按照高于公平贸易最低价格的价格向他们购买咖啡青豆，阿卡人可以立即获益，并可以继续生产咖啡；同时，合作社还立即从加拿大公司获得返款，按照社员意愿将其用于生产活动或社区建设。而且，由于阿卡人拥有加拿大公司 50% 的股份，所以，不需要承担任何成本，他们就可以额外获得公司 50% 的利润。而且，加拿大公司将象山咖啡送到全球知名的咖啡品评价机构和组织，在获得较高评分后参与优秀咖啡拍卖，再将消费者意见反馈给阿卡人。经过短短几年，象山咖啡已经跃升进优秀高端咖啡行列。

④进入国内市场，整合一二三产业。在成功进入国际市场后，象山咖啡名声大振，合作社顺势进入国内市场。为了获得更多利润，合作社向价

值链下游整合，创办了自己的咖啡馆，并采取加盟店的形式鼓励其他咖啡馆加入。现在泰国有500多家连锁咖啡店经营着阿卡人自己烘焙、自己品牌的公平贸易咖啡。而新投资的意大利全自动烘焙机又将阿卡人的烘焙咖啡带到东南亚各国。通过向价值链下游整合，阿卡人可以从高附加值的生产活动中获得更多利益。

⑤关注社区发展。阿卡人还成立了一个咖啡基金会，将30%的收入和公平贸易返款拨入基金会。现在象山地区的道路修建、医院和学校、山区儿童各阶段教育费用都由咖啡基金会支付。2007年，阿卡人投资创建了象山咖啡学校。所有山地部落的农民都可以免费来学习合作社的经营实践，各种农作物生产和质量控制技术，可持续农业，个人财务管理技巧，了解教育和医疗服务对他们的重要性。阿卡人的最终目标是让山地部落作为有生产能力的、对社会有贡献的人而被接受、被认可。阿卡人的日子一天比一天好过了，他们所取得的成就也得到了认可和赞扬，泰国的政府官员称赞阿卡族是其他山地部落的榜样。

2.5.2 公平贸易与茶叶

（1）公平贸易茶叶总体情况

公平贸易在茶叶领域已经工作了20多年。1994年，第一款经公平贸易认证的茶在英国推出。2017年，分布在11个国家/地区的106个认证生产者组织中共有392 700多名农民和工人参与了公平贸易茶的生产。其中，51个雇用劳工组织内有工人87 230名，是公平贸易体系中工人最多的领域，占公平贸易体系中工人的45%。55个小农户生产者组织中共有农民305 470人，占公平贸易体系中农民数量的20%。

2017年，全球有106个公平贸易认证生产者组织，同比减少了4个，共种植茶叶135 200公顷，同比增长7%，生产茶叶216 100吨，同比下降15%。按照公平贸易标准进行交易的茶叶共有6万~7万吨，占生产总量的30%~40%，获得公平贸易溢价收益共530万欧元。

（2）公平贸易认证茶的生产者组织情况

公平贸易认证茶的生产者组织主要有两种类型，一种是雇用工人的种植园，另一种是小农户生产者组织。公平贸易认证茶叶种植园在2015—2017年有较大的波动，由2015年的52个增加到60个，又在2017年减少到51个。公平贸易认证小农户组织呈持续增加的趋势，2015年为48个，

2017年为55个,共增加了7个(表2-12)。

表2-12　2015—2017年获得公平贸易认证茶生产者组织数量

认证组织类型	2015年	2016年	2017年
公平贸易认证种植园	52	60	51
公平贸易认证小农户组织	48	50	55

从国别来看,获得公平贸易认证茶的生产者组织分布在11个国家中,分别是肯尼亚、印度、斯里兰卡、中国、坦桑尼亚、马拉维、越南、乌干达、卢旺达、泰国、孟加拉国。其中,肯尼亚、印度和斯里兰卡的公平贸易认证茶的生产者组织数量位居前3位,分别为31家、30家和15家。中国公平贸易认证茶的生产者组织共有8家,位居第4位,与斯里兰卡相差7家(表2-13)。

表2-13　2017年全球11个获得公平贸易茶认证的国家

序号	国家	认证组织数	其中雇用劳工组织	小生产者组织
1	肯尼亚	31	5	26
2	印度	30	28	2
3	斯里兰卡	15	9	6
4	中国	8	0	8
5	坦桑尼亚	5	4	1
6	马拉维	5	2	3
7	越南	4	0	4
8	乌干达	4	1	3
9	卢旺达	2	1	1
10	泰国	1	0	1
11	孟加拉国	1	1	0

(3)公平贸易认证茶的生产者情况

2017年全球共有87 230名茶农和305 469名茶叶工人,共计392 699人,其中茶农占公平贸易茶农和工人总数的22%,公平贸易茶叶工人占比为78%。从国别分布来看,肯尼亚和印度是全球公平贸易认证茶的生产者数量最多的两个国家，2017年，在全球公平交易茶农和工人中有64.5%生活在肯尼亚，14.1%生活在印度。中国公平贸易认证的8个生产者组织均为小农户生产者组织，不存在雇用工人的种植园，共有2 431名茶农（表2-14）。

表2-14 2017年全球各国公平贸易认证茶的生产者情况

国家	认证数量（个）	农户数量（户）	工人数量（人）	农户和工人数合计
肯尼亚	31	247 336	5 860	253 196
印度	30	0	55 528	55 528
斯里兰卡	15	4 186	9 146	13 332
中国	8	2 431	0	2 431
其他国家	22	51 516	16 696	68 212
总计	106	87 230	305 469	392 699

数据来源：https：//www.fairtrade.net，由作者整理。

注：在一个国家中只有少于3个经Fairtrade认证的生产者组织的情况下，这些数据被汇总到"全球其他地区"类别中，以保护该组织的数据机密性。

（4）公平贸易认证茶的生产与贸易情况

公平贸易茶叶生产分布比较集中。目前，大多数茶是在东非和东南亚雇用数百名或数千名工人的大型庄园生产的。但是，也有许多通过合作社和协会组织的小型茶叶生产商，他们将新鲜采摘的绿叶出售给种植园或茶叶工厂，以加工成红茶。从各国公平贸易茶的种植情况来看，肯尼亚、印度和乌干达的公平贸易茶种植面积最大，2017年分别为69 723公顷、21 079公顷和19 887公顷，占全球公平贸易认证茶的种植面积的比重分别为51.6%、15.6%和14.7%，3个国家公平贸易茶种植面积合计110 689公顷，占全球公平贸易认证茶的种植面积的比重为82%（表2-15）。

表2-15 2015—2017年公平贸易茶种植面积及占比

国家/地区	种植面积（公顷）			占比（%）		
	2015年	2016年	2017年	2015年	2016年	2017年
肯尼亚	56 785	54 084	69 723	46.4	42.6	51.6
印度	17 853	21 030	21 079	14.6	16.6	15.6
乌干达	20 668	20 668	19 887	16.9	16.3	14.7

（续表）

国家/地区	种植面积（公顷）			占比（%）		
	2015 年	2016 年	2017 年	2015 年	2016 年	2017 年
斯里兰卡	6 182	9 069	9 192	5.1	7.1	6.8
马拉维	7 113	7 359	5 707	5.8	5.8	4.2
坦桑尼亚	8 588	8 588	5 341	7.0	6.8	4.0
中国	2 260	2 215	1 794	1.8	1.7	1.3
越南	714	1 699	724	0.6	1.3	0.5
其他国家/地区	2 200	2 178	1 709	1.8	1.7	1.3
合计	122 363	126 890	135 156	100.0	100.0	100.0

公平贸易红茶销售量呈持续下降趋势，尤其是在英国等传统茶市场，公平贸易茶的销量下降，生产商只能以公平贸易的方式出售一小部分农作物。2016—2017 年，公平贸易茶的销量下降也反映了英国零售商 Sainsbury 决定使用其自有品牌的茶。茶叶的公平贸易标准包括针对特定产地的公平贸易最低价格，可以作为保护生产者免受不可预测的市场的安全网，以及每千克红茶额外支付 0.50 美元的公平贸易溢价，生产者可以在项目中投资他们的选择。就速溶茶而言，公平贸易采用了一种不同的溢价机制——在商品价格上附加固定的 10% 的价格——以吸引新品牌并增加这些茶的市场准入。2017 年，公平贸易茶交易总量达到 10 725 吨，公平贸易认证茶生产者获得溢价收益共计 5 294 160 欧元，约为 529.4 万欧元，同比减少了 694 840 欧元，同比下降了 11.6%。

从不同生产者组织类型来看，2017 年公平贸易认证茶种植园销售公平贸易茶叶 4 500 吨，小生产者组织销售公平贸易茶 6 200 吨，分别比 2016 年减少了 400 吨和 1 000 吨。2017 年公平贸易认证茶种植园获得公平贸易茶叶溢价收益为 2 293 300 欧元，占 2017 年公平贸易茶叶溢价的 43.3%，同比减少了 21.4 万欧元，减少幅度为 8.5 个百分点；公平贸易认证茶小生产者组织获得公平贸易茶叶溢价收益为 3 000 860 欧元，占 2017 年公平贸易茶叶溢价的 56.7%，同比减少了 48.1 万欧元，减少幅度为 13.8 个百分点（表 2-16）。

表 2-16　2015—2017 年公平贸易茶销量和溢价

指标	2015 年	2016 年	2017 年
公平贸易茶叶销量（吨）	11 500	12 100	10 700
公平贸易雇工组织	4 500	4 900	4 500
公平贸易小生产者组织	7 000	7 200	6 200
公平贸易茶叶溢价（欧元）	5 685 100	5 989 000	5 294 160
公平贸易雇工组织	2 345 400	2 507 200	2 293 300
公平贸易小生产者组织	3 339 700	3 481 800	3 000 860

从国别来看，公平贸易认证茶的交易量最大的国家依次为肯尼亚、印度、中国和斯里兰卡，2017 年公平贸易茶叶交易量分别为 3 729 吨、2 422 吨、1 115 吨和 855 吨，4 个国家公平贸易茶叶交易量占全球公平贸易茶叶交易量的比重分别为 34.8%、22.6%、10.4% 和 8.0%，合计达到 75.8%。各国获得的公平贸易茶叶的溢价收益分别为 166.1 万欧元、131.6 万欧元、66.7 万欧元和 43.8 万欧元，4 个国家公平贸易茶叶溢价收益占全球公平贸易茶叶溢价收益比重分别为 31.4%、24.8%、12.6% 和 8.3%，合计达到 77.1%（表 2-17）。

表 2-17　2017 年全球主要国家公平贸易茶叶的贸易情况

国家	贸易情况		占比（%）	
	溢价收益（欧元）	公平贸易交易量（吨）	溢价收益	公平贸易交易量
肯尼亚	1 661 125	3 729	31.4	34.8
印度	1 315 503	2 422	24.8	22.6
中国	667 305	1 115	12.6	10.4
斯里兰卡	438 351	855	8.3	8.0
其他国家	1 211 877	2 603	22.9	24.3
总计	5 294 160	10 725	100.0	100.0

数据来源：FLO。第一个数据来源是 CODImpact。CODImpact 是审核期间从生产商收集的数据。由于并非每年都对所有生产者组织进行审核，因此将使用最新的可用记录来完成数据。这是生产量、种植面积，农民和工人人数以及高级用法的数据源。第二个数据源是 FLOTIS。FLOTIS 是在给定年份内所有交易的公平交易销售和产生溢价的所有溢价支付者收集的数据。数据已被广泛检查和清理。但是，在如此大规模的监控项目中，可能会有不准确的地方。

注：在一个国家中只有少于 3 个经 Fairtrade 认证的生产者组织的情况下，这些数据被汇总到"全球其他地区"类别中，以保护该组织的数据机密性。

（5）公平贸易茶溢价收益的使用情况

茶园的工人和小农茶农面临着不同的挑战。工人收入低、工作时间长，通常缺乏财产权。此外，他们经常依靠房地产来满足基本需求，例如住房，医疗保健，获得水源甚至为子女提供教育。小农户面临的挑战是他们出售的茶叶价格低且波动大，并且无法投资于现代耕作方法或技术。他们也缺乏自己的加工设施。因此，茶园的工人和茶农对于公平贸易溢价资金的使用差异比较大。

①小农户组织对公平贸易茶叶溢价收益的使用情况。对于小农户来说，投资优先事项包括将资源投入更好的农业中，以便他们可以从自己的农作物、教育、清洁水和社区卫生所中赚取更多的钱。2016—2017 年小农户组织中的公平贸易茶叶溢价收益用于投资生产者组织的资金占公平贸易茶叶溢价收益的 45%，服务农户的资金占公平贸易茶叶溢价收益的 40%，用于社区服务的资金占公平贸易茶叶溢价收益的 15%。在投资生产者组织的资金中，主要用于设施和基础设施建设，生产者组织人员、董事会、委员会培训和能力建设，行政成本三个方面，资金金额分别占公平贸易茶叶溢价收益的 28%、9% 和 8%。在为农民提供的服务类别中，大部分保费资金用于购买农民的农业投入品和工具，例如化肥和直接现金支付。如果在合作社的年度大会上计划并批准，则允许使用后者。在服务农户的资金中，主要用于提供农业工具和投入、为会员提供信贷和金融服务、直接支付给会员、实施农场最佳实践、会员农户教育、农民接受农业或商业实践培训、其他服务等七方面，资金金额分别占公平贸易茶叶溢价收益的 18%、7%、6%、1%、1%、1% 和 6%。用于社区服务资金是有限的，主要用于社区教育（包括对学校建筑物和奖学金的捐款）、社区基础设施建设、社区社会经济服务和其他服务，资金金额分别占公平贸易茶叶溢价收益的 5%、4%、3% 和 3%。

②雇用劳工组织公平贸易茶溢价使用情况。在种植园，工人选择将其保费资金的近一半投资于住房、教育和医疗保健（无论是专门针对工人及其家庭，还是整个社区）。2016—2017 年，公平贸易茶溢价收益的使用主要用于工人及其家庭提供的服务、社区服务、培训和行政成本、其他支出，所占比例分别为 74%、19%、5% 和 3%。在工人及其家庭服务的支出中，支出比例最大的是"为工人及其家庭提供的其他服务"，占种植园公平贸易茶溢价收益的 41%，这些服务主要包括提供补贴的商店或商品，

交通以及对社交活动的支持。支出比例位居第二位的是为工人及其家庭提供的教育服务，占种植园公平贸易茶溢价收益的16%，主要包括在学校设施上的支出，如伙食、计算机、书籍和制服以及奖学金。支出比例位居第三位的是向工人及其家庭的直接付款以及提供金融和信贷服务（例如为工人提供流动资金），占种植园公平贸易茶溢价收益的12%。在社区服务资金转入社区基金，会员可以轮流从中借钱，使用范围很大一部分用于教育，包括提供校餐，计算机，书籍，制服，学校建筑和基础设施以及教师培训，占种植园公平贸易茶溢价收益的13%。培训和行政成本中，用于培训的资金占种植园公平贸易茶溢价收益的2%，用于行政成本的资金占种植园公平贸易茶溢价收益的3%。

（6）与可持续发展目标（SDGs）相关的公平交易溢价使用

茶叶生产商的公平贸易溢价投资有助于实现许多联合国可持续发展目标。我们对公平贸易相对于可持续发展目标的影响的分析在不断发展。尽管大多数活动可以应用于多个SDG，但为简单起见，将每种支出类别映射到一个SDG。

SDG2（零饥饿）旨在消除饥饿，实现粮食安全和改善营养状况，并促进可持续农业。生产者在2016—2017年投资的公平贸易溢价资金的39%为实现这一目标作出了贡献，主要是通过提供农业工具和投入品，包括化肥、作物储存和基础设施以及加工设施。

公平贸易溢价收益支出的21%促成了SDG8（体面劳动和经济增长）。主要包括为工人及其家庭提供服务，为工人提供补贴的商店或货物以及为工人提供运输有关的捐款。

公平贸易溢价收益的20%用于SDG4（素质教育）。包括在学校伙食，计算机，书籍和制服上的支出，以及奖学金，教学楼和其他学校基础设施的支出。

SDG1（无贫困）是公平贸易使命的核心。公平贸易溢价收益支出的10%与该目标有关，包括为工人和社区提供流动资金，直接向会员付款以及向会员支付的其他福利金以补充其收入。

公平贸易溢价收益的7%与SDG11（可持续城市和社区）有关。包括对道路、社区建筑和其他社区社会经济服务的投资。

2.5.3 公平贸易与香蕉

(1) 总体情况

2017年，全球共有173个香蕉生产者组织获得了公平贸易认证，比2016年增加了18%，共有25 000名香蕉农民和工人，比2016年增加了14%，其中13%为女性。2017年公平贸易香蕉的种植面积达到38 300公顷，同比增加了5%，获得公平贸易认证生产者组织生产的香蕉共有970 500吨，以公平贸易方式销售的香蕉达到641 900吨，同比增加11%，其中有机认证香蕉销售量为395 600吨，占公平贸易认证香蕉的62%，同比增加17%，公平贸易认证香蕉生产者组织获得返款收益带动31 326 300欧元，同比增长10%。

近年来，公平贸易香蕉的市场规模在不断扩大，2017年，几家欧洲零售商宣布了对Fairtrade香蕉的进一步承诺。法国超市Monoprix宣布将只在其商店出售有机Fairtrade香蕉。荷兰批发采购合作社Superunie现在仅销售公平贸易香蕉。Lidl International除了现有的公平贸易有机香蕉外，还在七个欧洲市场上扩大了对公平贸易常规香蕉的承诺。然而，在竞争激烈的零售环境中，大型零售商继续推低香蕉价格，以吸引购物者进入商店。价格战可能对工人和生产者造成毁灭性影响，他们发现收入在某些情况下会降低到其生产成本以下。

(2) 公平贸易认证香蕉的生产者组织情况

公平贸易认证香蕉生产者组织数量在逐年增加，从2013年的113家增加到2017年的173家，5年的时间增加了60家。其中，公平贸易香蕉生产者组织中雇工组织和小农户生产组织都有所增加，2017年公平贸易香蕉的雇工组织为67家，比2013年增加了17家，公平贸易香蕉的小农户组织带动106家，比2013年增加了43家（表2-18）。

表2-18 2013—2017年获得公平贸易认证的香蕉生产组织的数量

年份	雇工组织	小农户组织	合计
2013	50	63	113
2014	54	69	123
2015	55	75	130

(续表)

年份	雇工组织	小农户组织	合计
2016	56	91	147
2017	67	106	173

从国别来看，获得公平贸易认证的生产者组织包括印度、哥伦比亚、圣卢西亚、圣文森特和格林纳丁斯、塞内加尔、多米尼加、印度尼西亚、泰国、斯里兰卡、墨西哥、秘鲁、尼加拉瓜、哥斯达黎加、厄瓜多尔、科特迪瓦、加纳、喀麦隆。然而，90%的公平贸易香蕉来源于拉丁美洲和加勒比地区。公平贸易认证的香蕉生产者主要集中在多米尼加、哥伦比亚、秘鲁、厄瓜多尔，2017年4国的公平贸易认证的香蕉生产者组织数量分别为49家、42家、31家和24家，合计146家，占全球公平贸易认证香蕉生产者组织总数的85.5%。

（3）公平贸易认证香蕉的生产者情况

2017年全球共有10 385名香蕉农和14 639名香蕉生产工人，共计25 024人，其中香蕉农占公平贸易香蕉生产者总数的41.5%，公平贸易香蕉生产工人占比为58.5%。从国别分布来看，秘鲁、多米尼加和哥伦比亚是全球公平贸易认证香蕉的生产者数量最多的国家，2017年，在全球公平贸易香蕉农和工人中有25.2%生活在秘鲁，22.1%生活在多米尼加，21.8%生活在哥伦比亚（表2-19）。

表2-19　2017年公平贸易认证香蕉生产者及农民和工人数量

国家	认证生产者数量（个）	农民数量（人）	工人数量（人）	农民和工人数合计
多米尼加	49	2 094	3 417	5 511
哥伦比亚	42	435	5 018	5 453
秘鲁	31	6 023	278	6 301
厄瓜多尔	24	1 093	465	1 558
世界其他国家	27	740	5 461	6 201
合计	173	10 385	14 639	25 024

(4) 公平贸易认证香蕉的生产与贸易情况

2017年，获得公平贸易认证香蕉的土地面积为38 680公顷——相当于圣文森特和格林纳丁斯的土地面积，比2015年减少了1 943公顷。公平贸易香蕉生产分布比较集中。从各国公平贸易香蕉的种植情况来看，多米尼加、哥伦比亚、秘鲁和厄瓜多尔的公平贸易香蕉种植面积比较大，2017年分别为14 029公顷、6 626公顷、5 848公顷和7 040公顷，占全球公平贸易认证香蕉的土地面积的比重分别为36.3%、17.1%、15.1%和18.2%，4个国家公平贸易香蕉种植面积合计33 543公顷，占全球公平贸易认证香蕉的土地面积的比重为86.7%（表2-20）。

表2-20　2015—2017年公平贸易香蕉认证国的生产面积　　单位：公顷

国家	2015年	2016年	2017年
多米尼加	14 698	12 588	14 029
哥伦比亚	5 451	5 414	6 626
秘鲁	6 930	6 797	5 848
厄瓜多尔	6 752	5 210	7 040
世界其他国家	6 792	6 477	5 137
合计	40 623	36 486	38 680

总体来看，生产商正在稳步增加其公平贸易香蕉的销售，2016—2017年全球公平贸易香蕉的销售量达到64.2万吨，同比增长11%。公平贸易溢价收入增长了10%，达到3 100万欧元，其中拉丁美洲和加勒比地区所占份额最大（92%）。小农户生产者组织赚取了公平贸易溢价的65%。2017年有机公平贸易香蕉的销售增长速度快于传统香蕉，同比增长了17%，公平贸易传统香蕉的销售额仅增长了2%。有机公平贸易香蕉几乎占总销售额的62%。

从不同生产者组织类型来看，2017年公平贸易认证香蕉种植园销售公平贸易香蕉22.46万吨，小生产者组织销售公平贸易香蕉41.74万吨，分别比2016年增加了2.87万吨和3.24万吨，同比增长14.6%和8.4%。2017年公平贸易认证香蕉种植园获得公平贸易香蕉溢价收益为1 095.2万欧元，占2017年公平贸易香蕉溢价的35%，同比增加了153.7万欧元，增长幅度为16.3个百分点；公平贸易认证香蕉小生产者组织获得公平贸易香蕉溢价收益为2 037.4万欧元，占2017年公平贸易香蕉溢价的65%，同比增加了121.2万欧元，增长幅度为6.3个百分点（表2-21）。

表2-21 2015—2017年全球主要国家公平贸易香蕉的贸易情况

类别	组织类型	2015年	2016年	2017年
公平贸易量（吨）	种植园	184 800	195 900	224 600
	小生产者组织	368 000	385 000	417 400
	合计	552 800	580 900	642 000
公平贸易溢价收益（欧元）	种植园	8 940 600	9 414 900	10 952 000
	小生产者组织	18 220 000	19 162 300	20 374 300
	合计	27 160 600	28 577 200	31 326 300

从国别来看，公平贸易认证香蕉的交易量最大的国家依次为多米尼加、哥伦比亚、秘鲁和厄瓜多尔，2017年公平贸易香蕉的交易量分别为199 873吨、133 201吨、120 661吨和94 231吨，4个国家公平贸易香蕉交易量占全球公平贸易香蕉交易量的比重分别为31.1%、20.8%、18.8%和14.7%，合计达到85.4%。4个国家获得的公平贸易香蕉的溢价收益分别为9 767 984欧元、6 504 374欧元、5 901 370欧元和4 577 042欧元，4个国家公平贸易香蕉溢价收益占全球的公平贸易香蕉溢价收益比重分别为31.2%、20.8%、18.8%和14.6%，合计达到85.4%（表2-22）。

表2-22 2017年公平贸易认证香蕉的公平贸易情况

国家	贸易情况		占比	
	溢价收益（欧元）	公平贸易交易量（吨）	溢价收益（%）	公平贸易交易量（%）
多米尼加	9 767 984	199 873	31.2	31.1
哥伦比亚	6 504 374	133 201	20.8	20.8
秘鲁	5 901 370	120 661	18.8	18.8
厄瓜多尔	4 577 042	94 231	14.6	14.7
世界其他国家	4 575 532	93 956	14.6	14.6
合计	31 326 302	641 922	100.0	100.0

（5）公平贸易香蕉溢价收益的使用情况

①小农户组织对公平贸易香蕉溢价收益的使用情况。2016—2017年小农户组织中的公平贸易香蕉溢价收益用于投资生产者组织的资金占公平贸易香蕉溢价收益的45%，服务农户的资金占公平贸易香蕉溢价收益的38%，用于社区服务的资金占公平贸易香蕉溢价收益的11%。在投资生产者组织的资金中，主要用于行政成本、设施和基础设施建设，生产者组织人员、董事会、委员会培训和能力建设三个方面，资金金额分别占公平贸易香蕉溢价收益的26%、10%和9%。在为农民提供的服务类别中，大部分保费资金用于购买农民的农业投入品和工具，例如化肥和直接现金支付。在服务农户的资金中，主要用于实施农场最佳实践、提供农业工具和投入、为农户提供健康服务、为会员提供信贷和金融服务、直接支付给会员、会员农户教育、农民接受农业或商业实践培训、对雇用工人的支持等八方面，资金金额分别占公平贸易香蕉溢价收益的6%、5%、5%、3%、3%、2%、1%和1%。社区服务资金主要用于社区社会经济服务、社区基础设施建设、社区教育（包括对学校建筑物和奖学金的捐款）和其他服务，资金金额分别占公平贸易香蕉溢价收益的7%、2%、1%和1%，其中，社区的社会与经济服务主要包括对弱势群体和社区慈善机构的支持。

②雇用劳工组织公平贸易香蕉溢价使用情况。2016—2017年，公平贸易香蕉溢价收益的使用主要用于工人及其家庭提供的服务、社区服务、培训和行政成本、其他支出，所占比例分别为71%、17%、11%和2%。在工人及其家庭服务的支出中，支出比例最大的是用于工人住房投资，占种植园公平贸易香蕉溢价收益的23%。支出比例位居第二位的是为工人及其家庭提供的教育服务，占种植园公平贸易香蕉溢价收益的13%，主要包括在学校设施上的支出，如伙食、计算机、书籍和制服以及奖学金。在社区服务资金转入社区基金，会员可以轮流从中借钱。社区服务主要投向四方面：一是社区基础设施建设，占公平贸易香蕉种植园获取的公平贸易溢价收益的3%；二是用于教育目的，包括提供校餐，计算机，书籍，制服，学校建筑和基础设施以及教师培训，占种植园公平贸易香蕉溢价收益的2%；三是社区的社会与经济服务，占种植园公平贸易香蕉溢价收益的2%；四是社区健康服务，占种植园公平贸易香蕉溢价收益的2%。在工人培训和行政成本中，用于培训的资金占种植园公平贸易香蕉溢价收益的3%，包括对支持工人组织、工人培训和对会员的培训；用于行政成本

的支出占种植园公平贸易香蕉溢价收益的 8%。

（6）与可持续发展目标（SDGs）相关的公平交易溢价使用

香蕉生产者进行的公平贸易溢价投资有助于实现许多可持续发展目标。目前对公平贸易相对于可持续发展目标的影响的分析在不断发展。尽管大多数活动可以应用于多个 SDG，但为简单起见，我们将每种支出类别映射到一个 SDG。

SDG2（零饥饿）旨在消除饥饿，实现粮食安全和改善营养状况，并促进可持续农业。生产者投入的公平贸易溢价资金的 41% 为实现这一目标作出了贡献，主要是通过为成员提供的服务，例如合作管理费用；出口和包装设施；对农民进行生产率和质量改善以及肥料供应方面的培训。

公平贸易保费支出的 21% 促成了 SDG8（体面劳动和经济增长）。主要包括对建造或翻修工人住房的捐款；为工人及其家庭提供的服务，以及与运行民选的公平贸易保险委员会有关的管理费用。公平贸易溢价支出的 11% 用于 SDG11（可持续城市和社区）。包括对社区的社会或经济服务的贡献；道路投资；支持弱势群体，社区休闲或社会设施，以及支持社区慈善机构。

SDG1（无贫困）对于公平贸易的使命至关重要。保费支出的 10% 与该目标相关，其中包括金融服务的资金，例如贷款和工人流动资金，以及直接向工人和成员支付的现金。公平贸易溢价资金的 8% 为实现 SDG4（优质教育）作出了贡献。其中包括提供奖学金和助学金；校服和书籍；用于教育和支付学费的贷款。

（7）加勒比香蕉和公平贸易

1993 年以后，随着单一欧洲市场的形成以及新的香蕉产地的崛起，原本牢牢占据英国市场的加勒比香蕉（70% 的份额）开始逐渐被代替。急剧下滑的市场份额再加上迅速下跌的价格给加勒比地区大批香蕉种植者带来毁灭性打击。在这一背景下，意识到公平贸易带来的好处，加勒比地区的香蕉生产者们开始加入公平贸易。2000 年，加勒比地区生产的公平贸易香蕉开始登陆英国市场，到 2008 年，在短短的 8 年间，加勒比的公平贸易香蕉在英国市场上取得了巨大的成功，销售量提高了 33 倍。据公平贸易基金会（Fairtrade Foundation）2009 年调查数据，英国市场上出售的香蕉中，每 4 把香蕉里就有 1 把贴着公平贸易的标签。随着加勒比公平贸易香蕉销售量的增加，成千上万的加勒比公平贸易香蕉种植者们的生活也发生了积极的变化。

本案例旨在分析公平贸易对加勒比香蕉种植者以及香蕉行业的影响，从而阐明进一步推动和发展公平贸易的重要性。

①背景——变化的香蕉供应链及其对加勒比种植者的影响。过去，香蕉一直是加勒比地区最重要的出口产品，每年都为该地区带来大笔外汇收入。加勒比地区生产的香蕉几乎全部出口英国：在1993年之前，英国市场上出售的香蕉70%是来自加勒比地区的。英国在全球香蕉产业链中的位置举足轻重，其进口的香蕉总量占全球香蕉出口市场的7%。英国市场对加勒比种植者们的重要性显而易见。但是，随着欧洲单一市场的建立、香蕉价格战争以及全球生产过剩，情况发生了彻底改变。

价值链下游。随着单一市场的建立，位于价值链末端的英国香蕉市场也变得更加开放，英国的零售商们开始更直接地向生产者采购。不可避免地，追逐利润的零售商们更愿意选择成本较低的供应商，这令种植成本较高的加勒比地区在竞争中处于不利位置。

另外，英国的香蕉市场被少数几家公司所控制，为了争夺市场，从20世纪90年代起，他们之间爆发了旷日持久的香蕉价格战争。在英国超市里，香蕉地位显赫：同面包、牛奶等一样，香蕉是英国家庭日常必需的食品；而且，按照货值计算，在所有产品中，香蕉位居第三。所以，对英国消费者而言，一个超市里的香蕉价格意味着这个超市的整体价格水平，在很大程度上决定了他们是否会光顾这个超市。因此，为了争夺市场份额，英国超市纷纷降低香蕉价格来吸引更多购买者，有些超市甚至以低于进价的价格出售香蕉。这就引发了香蕉价格战争。据统计，从2002年到2008年，英国香蕉的零售价格下降了41%。

价格战使香蕉产业的利润空间大幅缩水，令整个产业陷入了危机。不断下跌的零售价格迫使整个香蕉供应链的价格下跌。这种压力不可避免地向价值链上游传导，导致种植香蕉的回报明显减少。

价值链上游。香蕉一直是加勒比地区的重要出口产品。例如，迎风群岛20%的出口收入来自香蕉。而且，香蕉种植业是一个劳动密集型产业，为加勒比农村地区提供了大量就业机会。据FAO 2001年数据，在多米尼克，香蕉产业是就业人数最多的产业（将近7 000人）。在圣卢西亚，香蕉出口收入占国内生产总值的12%，占其2000年出口收入的40%，直接或间接地为就业人口的30%左右,即57 000人提供就业,是农村家庭经常性收入的重要来源。

在加勒比地区,大、中、小各种规模的香蕉种植都有存在,其中,小规模香蕉种植者数量最多。小规模种植者们主要依靠家庭劳动力,由于规模小,香蕉种植成本高、产量低。例如,在多米尼克,小规模种植者人数占51%,但他们的香蕉产量仅占总产量的8%;中等规模种植者的产量则占总产量的41%;而大规模种植园的产量则达到51%。

迎风群岛和牙买加的香蕉生产规模小,种植园的平均面积为1公顷左右,产量约为11吨/公顷。在20世纪80年代和90年代初期,加勒比香蕉的产量有所增加,但后来逐渐下降。20世纪80年代末,坚挺的香蕉价格促使小规模种植者数量大幅度增加,到90年代初期,在迎风群岛大约有2.5万名农民参与了香蕉出口。但是,在20世纪90年代前半期,由于世界香蕉价格下跌,加勒比香蕉的产量下降了7.5%,种植面积减少了6%(Moberg,2005)。

另外,加勒比香蕉也面临着其他香蕉产地的竞争。加勒比地区香蕉种植成本较高,依靠英国对其采取的优惠贸易政策,加勒比香蕉才能以较高的出口价格出口到英国,但是随着优惠政策被取消,加勒比香蕉的竞争力大受打击。另外,拉丁美洲和非洲地区也盛产香蕉,而且由于采取集约化种植,他们的成本较低,对加勒比地区在英国市场的地位构成了严重威胁。在全球范围,尽管香蕉的价格在下跌,但是由于香蕉种植面积的扩大,集约化种植的采用,香蕉的全球产量迅速提高,出现了全球生产过剩的问题。

香蕉价值链上下游的激烈竞争导致成本较高的加勒比香蕉很快被低成本的拉丁美洲和西非香蕉所代替。从1992年到2007年,英国的香蕉进口量增长了41%,但是加勒比香蕉的市场份额却从70%降到了不足30%。

香蕉出口的下滑以及价格的下跌严重地打击了加勒比香蕉种植业,对小规模香蕉种植者和种植工人造成的影响最为严重。英国市场份额的不断下滑不可避免地给他们造成了毁灭性的影响:他们的收入大幅缩水,生计难以维持,举步维艰。20世纪90年代中期,在迎风群岛大约有15 000名小农被迫放弃种植香蕉,大量香蕉种植园被荒废,很多人不得不离开家园,另寻出路(Fairtrade Foundation,2009)。

②公平贸易香蕉——加勒比小规模种植者和种植工人的新的生命线。公平交易的概念是在 1994 年引进英国的。最早贴有公平交易标签的商品是玛雅巧克力与 Clipper 红茶及 Cafedirect 的公平交易咖啡。经过几年的推广，英国消费者对公平交易的意识有了很大的提升。

英国消费者越来越认识到要让处于农产品价值链最上游的生产者们获得合理的回报：一味压低农产品的价格不仅会损害生产者的利益，还会最终影响到他们自己。低廉的零售价格意味着低廉的生产价格。当价格过低时，香蕉种植者们无法获得足够的报酬，不能收回生产成本，入不敷出，不能改进种植方法，不能以环保的、可持续的方式种植香蕉。而这些影响最终也会传递到消费者：超市货架上的香蕉可能质量下降或供应数量减少。消费者的这种意识变化转化为对香蕉销售商的压力：一些英国超市开始宣传公平贸易香蕉。

公平贸易香蕉是指香蕉种植者按照"公平贸易"原则，在确保生产者劳动环境安全、最低公平工资保障、环境保护等情况下生产出的香蕉。只有在公平贸易标签组织的授权下，才可以在香蕉上可以贴上"公平贸易"标签。公平贸易香蕉的售价往往比普通香蕉高，因为销售商支付给种植者的价格不能低于公平贸易香蕉最低价格，而且还要向其支付社区返款，用于自身及社区的经济、社会发展。

2000 年，第一批加勒比公平贸易香蕉从迎风群岛出口到英国。公平贸易香蕉很快受到英国消费者的欢迎，它的进口量从 2000 年的 5 500 吨增长到 2007 年的 15.8 万吨。英国两个主要香蕉进口商 Sainsbury's 和 Waitrose 也承诺以后将 100% 采购公平贸易香蕉。2008 年，公平贸易香蕉在英国的销售量达到 19.3 万吨，这意味着公平贸易香蕉在英国的销售量在短短的 8 年中增长了 33 倍（Fairtrade Foundation，2009）。

为了满足不断增长的、对公平贸易香蕉的需求，加勒比地区的 63 个香蕉生产者组织现已获得公平贸易认证，其中有 42 个向英国出口公平贸易香蕉。在加勒比现有的不到 4 000 名香蕉种植者，其中有 3 500 名（将近 90%）是经过公平贸易认证的。

③公平贸易香蕉对加勒比小农的影响。公平贸易香蕉为加勒比小规模香蕉种植者和种植工人提供了一道新的生命线。尽管加勒比香蕉种植业还没有从香蕉战争和国际竞争的双重冲击之下完全恢复过来，但是也已经逐渐稳定下来。

公平贸易使种植者和工人的收入相对比较稳定，特别是在香蕉价格剧烈波动时。而且，公平贸易使得种植者和工人的生活稳定下来，生活水平也有所提高。收入的稳定还使他们可以开始将多余的钱存起来，更好地为今后的生产作出计划，规划自己的生计。

公平贸易香蕉的社区返款也令加勒比香蕉种植者和工人真正受益。例如在加勒比，公平贸易生产者组织执行的第一批用返款支持的项目中就包括在香蕉园采用生物除草技术。自此以后，公平贸易香蕉种植者组织开始开展各种项目让整个社区获益，例如，为当地的学校添置设备、设施，修建改建道路，为村民组织职业培训活动等。在圣卢西亚，甚至用社区返款成立了一个医疗保险基金，为公平贸易蕉农及其家人提供医疗保险服务。没有公平贸易返款，当地根本无力提供这些服务和设施。公平贸易社区返款给加勒比地区带来的好处是非常明显的，这可以从返款的规模和使用情况得到印证：从2000年7月到2003年4月，迎风群岛收到的公平贸易返款达到130万美元，其中75万美元用于对香蕉种植的投资，其余55万美元用于各岛上公平贸易生产者组织的行政开支和社区发展项目（Moberg, 2005）。

公平贸易还给加勒比种植者和种植工人带来其他好处。对于很多种植者和种植工人来说，加入公平贸易第一次让他们有机会参加一个与政治无关的、民主的社区组织。在这个参与过程中，他们与其他社区成员互动，讨论自己所在的组织以及整个社区的事务，以民主方式作出决定，这令他们对自己所在社区产生了强烈的归属感。

④结论。香蕉是加勒比地区最重要的出口产品之一，是当地种植者和种植园工人的生命线。但是，香蕉价格战争和国际竞争的双重打击给加勒比香蕉种植业产生了毁灭性影响。而遭受影响最深的是加勒比的小规模香蕉种植者和种植园工人。

在某种程度上，加勒比香蕉的故事说明公平贸易在权力和财富越来越集中的全球经济中发挥了积极作用，它通过最低价格和社区返款让处于弱势的小生产者受益并得以维持和发展生计。虽然加勒比香蕉产业没有恢复到之前的规模，但是公平贸易对加勒比地区产生了积极影响，让当地的香蕉种植业逐渐稳定下来，并给种植者们带来实质性的好处：收入相对稳定，能够收获成本，生活水平逐渐稳定下来并有所提高；社区返款还使他们可以一方面对香蕉种植进行生产性投资，例如病虫害管理，另一方面对社区进行投资，例如修建道路，水利设施等。

第3章

公平贸易减贫与促进乡村善治的主要路径

促进贫困人口收入可持续增长、能力全面提升和权利有效获得是内生包容性增长的关键。公平贸易组织通过介入贫困地区农产品产业链整合，联结道德消费者和贫困有机生产者，实现消费者为购买公平贸易产品支付较高的价格，为生产者提供更高的价格，让他们足以收回成本，维持生计，保持有机生产、保护关爱生态环境。这种经济支持不仅有助于生产者改善他们的生活和生计、减轻贫困，激励生产者制定适合的社会政策为自己的产品打开、维持，甚至扩大（出口）市场，并且为他们所在的社区创造更多就业机会，同时通过小农户参与社区返款基金的用途决策，提高他们参与乡村治理的意识和能力，培育他们的社区公共理念，促进乡村治理能力和水平提升。

3.1 公平贸易减贫与乡村善治的理论基础

目前，学者普遍认为贫困发生的原因分为收入贫困、能力贫困、权利贫困和制度性贫困，收入贫困是总收入水平不足以获得仅仅维持身体正常功能所需的最低生活必需品，是贫困的表象，而能力贫困是贫困人口个人能力弱导致的生计能力弱的重要原因，权利贫困和制度性贫困是重要的外因。收入贫困从物质缺乏的角度关注贫困问题，区分为绝对贫困和相对贫困；能力贫困从能力缺乏和权利缺乏的角度关注收入分配不公平的问题；权利贫困从权利缺乏、贫困人口脆弱性、社会排斥的角度关注贫困问题。制度贫困指个体具有主动学习和劳动能力，但由于制度性扭曲造成市场分割和缺乏社会流动导致的机会贫困，以及因制度扭曲致使社会资源在不同区域和群体的不公平分配造成个体缺乏劳动技能而出现的能力贫困和流动导致的机会贫困（文雁兵，2015）。

在不同的认识指引下，减贫策略有所不同。在收入贫困视角下，通过地区经济全面增长而实现贫困人口普遍增收；在能力贫困视角下，强调促进贫困人口多种形式的资本积累，拓展贫困人口的经济机会，促进民主参与、地位平等方面的治理赋权，以及提高贫困人口社会保障水平等；在权利贫困和制度性贫困视角下，强调机会与增长相辅相成的包容性增长战略：一是通过教育来提升贫困人口的人力资本，二是完善制度设计与政策安排，促进贫困人口能够获得更加公平的市场竞争环境，三是提高贫困人口社会保障水平，促进能力提升、机会公平和权利平等。在权利和制度性贫困视角下的减贫策略旨在构建内生型增长模式，被称为包容性增长。包容性增长是一种在经济增长过程中通过倡导和保证机会平等使增长成果能广泛惠及所有民众的发展理念和理论体系，包容性增长理论包含了四个维度，即经济增长、权利获得、机会平等、福利普惠（杜志雄 等，2010）。也有学者提出内生包容性增长的理念，即以人的能力发展为核心，强调自发的、可持续的包容性增长（刘亚军，2018）。包容性增长理论就是要实现主体平等地参与经济增长过程和公平地分享经济增长成果（董研林 等，2016），也有学者指出，包容性增长的内涵为可持续的与平等的增长、社会包容和赋予权能及安全（李炳炎 等，2012）。

包容性增长理论作为一种新的政策评估工具得到了学者的广泛应用。有学者从经济增长、社会发展和共同富裕三个维度构建包容性增长评价指标体系（林万龙 等，2023），也有学者从经济增长、收入分配两个维度识别和分解包容性增长，评估不同收入群体间福利增长，李勤（2017）在包容性增长视角下构建了陕西旅游业包容性增长水平评价指标体系，指出各地在旅游业包容性增长的公平性、有效性和共享性方面差异较大。包容性增长理论成为不同行业发展的指导性理念，管春英（2016）从包容性发展理论强调发展内容的协调性、发展方式的可持续性、发展过程的公平性、发展成果的共享性四个方面，指出用当代政治经济学观点构建包容性发展理论的落脚点，应做到：一是以人民为中心，促进人的全面发展；二是坚持公平正义，实现成果共享；三是坚持协调发展，促进持续绿色发展；四是坚持开放合作，促进社会文明进步。包容性增长理论也被广泛应用于缓解农村地区贫困的战略中，包容性增长致力于解决相对贫困的三个维度，即收入不平等、人的发展和人的脆弱性问题，黄可人（2016）指出需要改变片面强调提高农村居民收入进而解决农村贫困的传统观念，在倡导机会公平、共享增长成果的包容性增长理念指导下，推动农村居民收入、健康、教育、生活环境等共同发展，全面缓解农村贫困程度。

总的来看，已有研究对包容性增长的认识基本已形成共识，但在理论应用过程中往往对"能力提升"和"权利获得"的理解方面，较多关注生计能力提升和社会保障权利中的分配公平，而轻视政治权利的获得问题。本书认为农村贫困人口的政治权利正体现在对农村社区公共事务治理与公共服务供给的参与，也就是说权利获得不仅指贫困小农户获得平等的进入市场的权利、获得平等的受教育与就业的机会，获得公平的社会保障权利，而且包括提高贫困小农户平等地参与乡村公共事务管理和公共服务的能力和权利，只有全面地赋予小农户平等地参与发展与治理的能力和权利，才能有效推动贫困地区的包容性增长。刘湘辉等（2021）从公平贸易组织参与供应链的视角，指出公平贸易组织发挥纽带和枢纽作用，加强了供应链组织间契合，并对小农户赋权，从而实现贫困村内生包容性增长，通过提升供应链节点资源整合程度，促进机会平等、福利普惠以及可持续发展，实现贫困村外生包容性增长。在包容性增长的视角下，公平贸易运动从收入增长、能力提升、权利获得等方面促进欠发达国家小农户减贫与乡村善治。本书基于包容性增长理论，剖析公平贸易组织促进贫困地区小农户减贫与改进乡村治理的路径。

3.2　帮助小农户获得长期稳定收入

在竞争激烈的大市场中，如何实现农户与现代农业有机衔接，如何实现小农户获得稳定的收入，建立小农户相对贫困的长效治理机制，仍然是脱贫攻坚后脱贫地区减贫面临的重要问题。公平贸易通过联结发达地区有良知的消费者与欠发达贫困小农户，为小农户进入国际高端市场搭建了桥梁，并针对市场价格波动，为小农户提供了最低价格保护机制，缩短供应链环节和提升小农户组织化程度，构建小农户优质农产品的长期稳定销售渠道，进而提升小农户进入国际消费市场的能力。

3.2.1　帮助小农户优质农产品进入高端国际市场

公平贸易为小农户更加公平地进入国际市场提供了机会。在一般的贸易条件下，小农户很难在国际市场上取得竞争优势，由于自身语言、贸易规则等多方面的能力限制，使他们没有参与世界利润分配的机会。公平贸易组织通过具有社会公益性的渠道商、消费者的支持，为世界欠发达地区小农户优质产品进入发达国家市场并卖个好价钱提供了机会。2016年，全球公平贸易额达到78.8亿欧元，折合人民币为615亿元（按照2017年12月30日汇率，1欧元＝7.805元人民币），是2006年的5倍。2016年销售额增长最快的是奥地利，公平贸易产品零售额增长了46%，法国、芬兰、挪威、瑞士的公平贸易产品零售额增长了20%。在英国有80%的消费者信赖公平贸易产品，2015年英国零售公平贸易产品价值达到1 430.8万元。2015年，仅英国消费公平贸易香蕉量增长了5%，为公平贸易香蕉农户和工人增收约7 025.5万元。2016年，公平贸易支持者为公平贸易小生产者和工人争取到英国退欧后继续为最不发达国家公平贸易产品免关税的政策，为公平贸易生产者节约税金达到11.3亿欧元，折合人民币为88.2亿元。2017年英国对南非公平贸易酒的消费量增长了20%。江西省婺源县溪头乡和大鄣山乡的绿茶出口量占中国绿茶出口量的50%以上，主要通过国际公平贸易渠道进入国际市场。据调研，在20世纪90年代初期，当地的绿茶在市场化改革的背景下面临巨大的销售压力，后来因为参与国际公平贸易，为婺源县溪头乡和大鄣山乡茶农提供了稳定的茶叶销售渠道，解决了茶农卖难的问题，稳定了销售价格，提高了当地农户的种茶收入。

3.2.2 设定最低保护价格帮助小农户抵御市场风险

公平贸易生产者获得的价格是不低于公平贸易最低价格的价格——它明显高于常规销售商所支付的价格。而且，公平贸易生产者还可以收到额外的社区返款。因此，公平贸易产品同常规产品之间的价格差异有时是相当可观的。

从总量上看，公平贸易给生产者带来直接经济利益。据FAO 2005年报数据，2004年公平贸易产品全球零售金额共计约1 000亿美元，而公平贸易最低价格和市场价格差额达到了10亿美元，社区返款则达到1亿美元。这些数字意味着在2004年，消费者在公平贸易产品上花费了近1 000亿美元，而在这1 000亿美元中，转移到100多万名公平贸易生产者手中的金额达到平均每个生产者100美元。对于脆弱的小生产者来说，这并不是一个小数目。

在微观层面上，公平贸易对生产者的收入影响则比较复杂。有的生产者因为参与公平贸易而收入翻番，例如，在墨西哥 Chiapas 的一个有 1 500 名成员的咖啡种植者合作社，种植公平贸易咖啡的收入是种植常规咖啡的 2 倍，而且咖啡收入占成员家庭收入的 80%左右，由此可见公平贸易对这些成员的意义（Perezgrovas et al., 2002）。墨西哥 Majomut 合作社成员每年销售公平贸易有机咖啡的收入约 1 700 美元，而这些咖啡在常规市场上只能卖出 550 美元（Raynolds et al., 2004）。而对有的生产者来说，加入公平贸易只能帮助他们维持工作机会，但并不能令他们明显直接获益。例如，在加纳的一个公平贸易香蕉种植园里，种植工人的工资仅略高于该地区临时工的工资。在萨尔瓦多的一个合作社里，由于公平贸易产品所占份额小，参与公平交易的经济收益仅够成员偿付债务。尽管如此，很多研究和调查都得出结论认为，公平贸易对合作社和生产者的收入有积极的影响，他们的生活水平显著提高，尽管他们直接获益的程度因生产者组织本身，及其所处价值链和外部环境不同而不同。生产者组织可以实现运输、加工、获取市场信息和销售方面的规模经济，公平贸易生产者的收入也会有所增加，特别是合作社成员（Milford, 2004）。

截至 2015 年，有 125 个国家在销售公平贸易产品，在英国有 80%的消费者信赖公平贸易产品，2015 年英国零售公平贸易产品价值达到 1 430.8 亿元。2015 年，仅英国消费公平贸易香蕉量增长了 5%，为公平贸易香蕉农户和工人增收约 7 025.5 万元。2015 年，公平贸易溢价总额达到 1.18 亿欧元，折合人民币约为 8.86 亿元（按照 2017 年 5 月 3 日汇率，1 欧元=7.522 5 元），不同公平贸易产品的销售额和销售溢价存在较大的差异。从表 3-1 可以看到，2015 年小农户从咖啡、香蕉、可可三个产品获得的溢价最多，分别达到 5 160.6 万欧元（人民币 3.9 亿元）、2 485.2 万欧元（人民币 1.9 亿元）、1 480.1 万欧元（人民币 1.1 亿元），分别占所有产品销售溢价的 44%、21% 和 12.6%。

表 3-1　公平贸易产品溢价及销售量（2015 年）

产品	溢价（万欧元）	销售量（MT[①]）	单位溢价（欧元/MT）
咖啡	5 160.6	156 652	329.43

（续表）

产品	溢价（万欧元）	销售量（MT①）	单位溢价（欧元/MT）
香蕉	2 485.2	505 766	49.14
可可	1 480.1	93 078	159.01
蔗糖	859.5	154 264	55.71
鲜花	581.0	—	—
茶叶	518.0	13 407	386.40
葡萄酒	152.6	29 412	51.88
新鲜水果	100.2	—	—
果汁	95.4	33 952	28.10
藜麦	60.3	1 315	458.39
棉籽	58.6	14 518	40.35
蜂蜜	44.4	3 254	136.53
黄金	41.9	7 005	59.84
大米	41.6	9 935	41.92
草药	31.6	9 756	32.38
蔬菜	27.7	3 345	82.70
坚果	21.0	3 171	66.30
水果干	10.4	1 881	55.48
油籽和油脂水果	5.4	2 638	20.29
所有商品	11 784.6	—	—

注：①MT，公吨，1公吨=1 000千克。

3.2.3　建立稳定的、长期的合作关系

通过公平贸易，生产者还可以从其与销售商建立长期、稳定的合作关系获益。一方面，FLO要求销售商为与其合作的公平贸易生产者组织制订长期的合作计划；另一方面，公平贸易销售商也更倾向于不仅关心产品，而且也关心产品的生产过程。很多公平贸易销售商会定期或不定期访问他们的公平贸易合作社，了解后者的生产情况，并向其提供相关的市场、技术信息等。美国的公平贸易咖啡进口商Thanksgiving Coffee甚至在尼加拉

瓜建立了一个杯测实验室，培训生产者不同咖啡的口味特征，以及如何通过不同的生产、管理和加工技术来提高咖啡质量（Farnworth et al.，2006）。

3.3 赋予贫困小农户更多的能力

3.3.1 全方位提高小农户生计能力

农户生计能力是实现农户可持续增收的内生动力。所谓生计能力是指个人和家庭应对胁迫和冲击的能力，以及感知机会的能力（Chambers et al.，1992），是人们在活动中完成生计行为的权利与获得结果（Leach et al.，1999）。提升贫困农户全方位能力，改变贫困农户"等靠要"的思想观念，鼓励勤劳致富，提升农民应对生计系统风险的能力是巩固脱贫攻坚成果，实施乡村振兴战略的重要任务之一（左停 等，2019）。公平贸易通过各种渠道促进生产者能力建设，有学者指出，公平贸易通过供应链的媒介作用转化为推动贫困户自身能力发展的巨大催化剂，促进了贫困户内、外生包容性增长和供应链可持续扶贫（刘湘辉 等，2021）。从实践层面来看，公平贸易不但将小农户纳入供应链整合的环节之中，而且以农户生计能力提升为核心，促进贫困地区产业内生发展。①生产者组织可以从FLO提供的技术人员处获益：公平贸易派出技术人员向认证的农民专业合作社传授有机农产品的生产方法，教导生产者如何提高产品质量，改进栽培方法等；②许多合作社也利用返款为成员组织培训课程，传授提高生产质量的技术技能，为合作社增加找到买家的机会（Milford，2004）。③很多合作社甚至利用公平贸易返款为社区建立学校或培训机构，设立奖学金，鼓励本社区甚至周边社区的成员接受教育。例如，泰国象山咖啡合作社设立了一所咖啡学院，向当地及周边社区的咖啡种植者传授咖啡种植、加工的技术；④进口国的公平贸易组织为合作社提供市场信息。公平贸易的各种能力建设活动培养了生产者，提高了他们开展国际贸易的能力，加强了他们对常规国际贸易的理解，因此，在接触非公平贸易买家时，他们也可以表现得更加自信（Ronchi，2002）。⑤公平贸易有助于生产者自己选择生计战略。推动农民专业合作组织转向有机生产、沿着价值链横向、纵向延伸等。泰国象山咖啡合作社不满足于单纯生产和加工咖啡豆，还设立了自己的咖啡店，并鼓励加盟，现在泰国共有500多家咖啡店出售用象山咖啡豆冲泡的咖啡。亚太地区的公平贸易生产者组织中有85%参加过公平贸易组织提供的培训，这些培训大多数是在国内进行的，同时也进行了很多国际的交流，2016年国际公平贸易组织举办了7次国际和外部交流。培训内容包括内部控制系统、如何管理公平贸易返款、防止童工、预防灾害、如何更好遵守公平贸易的标准、适应气候变化等。⑥公平贸易增进了生产者之间的互动、团结和互信，让他们可以互相支持、分享经验、信息和技术、建立社交网络、增加社会资本。由于公平贸易生产者组织的成员之间并不互相竞争，他们可以毫不犹豫地分享他们的最佳实践（Milford，2004）。并且，参与公平贸易也加强了他们的自豪感，让他们感觉到更好地掌握了自己的命运和未来。研究发现，在常规咖啡种植者中，认为由于咖啡价格低或难以预测而有可能失去种植园的受访者比例要比公平贸易咖啡种植户高出4倍。

3.3.2 拓宽小农户获得资金支持的渠道

解决农民生产、生活资金问题是促进脱贫农户可持续发展的关键。我国脱贫地区农民受金融排斥（叶楠 等，2019），不少农民在获取农村金融支持方面存在障碍。公平贸易扩大了小农户获得资金支持的机会。FLO规定如果合作社提出要求，销售商应向其以合理利率提供预融资并预付最高60%的货款。已有研究显示，很多农民专业合作社也利用公平贸易的社区返款为其成员提供贷款。根据对秘鲁和墨西哥的调研，对生产者合作社来说，在公平贸易给他们带来的益处中，预融资信贷的好处仅次于公平贸易的最低价格。研究表明，在177名尼加拉瓜咖啡种植者中，77%的公平贸易种植者从合作社获得了收获前贷款，而在非公平贸易种植者中，这一数字只有33%。

此外，获得公平贸易认证的农民专业合作社的社会形象也会在一定程度上有所改善，有助于农民专业合作社从金融机构获得贷款。对于金融机构来说，由于公平贸易组织要求农民专业合作社与销售商建立长期合作关系，降低了产品生产和销售中存在的不稳定性，降低了农民专业合作社的信贷风险（Raynolds et al.，2004）。由于风险降低，金融机构也更愿意在更有利的条件下扩大信贷额度（Milford，2004）。

3.3.3 提高小农户应对气候变化的能力

气候变化和生态环境恶化是导致农民陷入贫困的重要因素之一。以大气温度升高和极端气候事件频发为特征的气候变化已经给农业生产带来极大的不稳定性,并且这些影响预计会随着时间推移而增加。气候变化表现为不可预测的天气模式、气温上升、飓风、干旱和洪水频发。对于中美洲和加勒比地区的国家来说,气候变化则表现为降水量减少,极端温度增加。气候变化不仅影响了农产品的生产,而且给贫困地区带来了病虫害、疫病等危害。国外研究提示,气候变化下中国农业的总体生产力可能减产 5%~30%。农业农村部研究指出,极端性气候、天气事件对农业不同行业的生产都有很大危害,而区域性干旱将成为中国未来农业生产越来越严峻的挑战。

在一个越来越受到气候变化影响的世界中,农业生产和农民生活往往受到气候变化的严重影响。公平贸易组织开展各类生态环境保护和改善生态环境的专业项目,为农民提供了管理植物病害、减少碳和水足迹以及通过使用生物肥料来改善水果品质的方法。2015 年公平贸易组织出台了《公平贸易气候标准》(01.10.2015 v1.0),2020 年公平贸易组织对 2015 年版本的《公平贸易气候标准》进行了修订和补充。该标准指出,公平贸易组织采取气候变化战略,支持生产者适应气候变化并减少碳排放,一方面认识到气候变化对发展中国家贫困小农户的破坏性影响,另一方面认识到在自然资源日益枯竭的情况下,有必要采用更可持续的生产方式。公平贸易组织的气候变化战略,旨在通过开发项目来增强弱势生产者对气候变化的适应能力(适应气候变化),同时开展更可持续的生产活动并减少农民对气候的破坏(缓解气候变化),从而确保弱势生产者的可持续发展。在此标准的指引下,公平贸易组织通过生成公平贸易碳信用额(FCC)使小农户和农村社区能够进入碳市场,提供信息并促进培训,以便小农户和农村社区在获得技术支持的同时发挥越来越积极的作用,并创造气候融资机会来资助减缓和适应活动。通过公平贸易组织认证后,该认证产生的碳信用额度可以在碳市场上出售给有兴趣对气候和发展产生积极影响的买家。公平贸易气候标准为小规模生产者和农村社区提供了新的投资机会,纳入他们自己的可持续发展议程。符合公平贸易气候标准条件的项目包括可降低能耗并产生在减少碳排放的同时提供新的能源机会,以及通过植树捕获碳的造林项目,这些项目在必要时与农业生产有关,作为可持续发展不可或缺的一部分。公平贸易气候标准涵盖了对生产商、项目促进者、贸易商和最终购买方的要求，并促进了透明和公平的交易条件。根据公平贸易气候标准，不仅发展中国家的生产商必须减少碳排放，购买公平贸易碳信用额度的组织和企业（最终用户）也必须减少碳排放。购买公平贸易碳信用额度的组织和企业还必须评估其碳足迹并采取可靠的碳减排措施。其目的是在生产商和购买者之间建立可持续发展的伙伴关系，在双方都有兴趣建立长期合作伙伴关系以实现互惠互利的情况下，加大减排力度，以及加强对适应的投资。公平贸易气候标准旨在为农村社区带来长期的发展变化和积极影响。因此，公平贸易气候标准也包含了公平贸易的关键原则，如生产者组织的良好治理（民主、参与和透明度），尊重人权（特别是劳工和儿童权利）和性别平等，保护环境以及可持续和公平的贸易关系等。该标准还制定了经济保护政策，以补偿针对小农户和农村社区项目的碳价波动风险，包括公平贸易最低价格、确保生产者组织获得公平的价格份额、获得融资的机会以及从销售商那里获得稳定的订单。根据公平贸易产品销售额支付给生产者组织公平贸易溢价，使他们能够投资于生态环境保护项目，这些返款也可以用于投资经济、社会和环境发展。

根据公平贸易气候标准关于土壤和水的管理，要求适用于公平贸易碳信用项目（Fairtrade Carbon Credits，FCC）项目区[①]。公平贸易标准有关土壤和水管理规定有7项。

第一，预防和减少土壤侵蚀。可以识别出存在土壤侵蚀风险的土地和已经发生田间侵蚀的土地。提供有关减少和/或防止土壤侵蚀的实践培训，以帮助组织成员识别存在土壤侵蚀风险或已经发生土壤侵蚀的土地。具体标准表述如下。

	适用于：仅植树造林/再造林项目
过渡期 3年期	可以识别出存在土壤侵蚀风险的土地和已经发生田间侵蚀的土地。提供有关减少和/或防止土壤侵蚀的实践培训，以帮助组织成员识别存在土壤侵蚀风险或已经发生土壤侵蚀风险的土地
指导意见：培训可能包括有关避免侵蚀的条件及相应补救措施，建立地被植物或其他植被的预防措施的信息	

---

① 资料来源：FLO. Fairtrade Climate Standard（01.10.2015 v1.0）. standards-pricing@fairtrade.net.

第二，提高土壤肥力。措施可以包括诸如精华混合、减少冲击测井技术，将堆肥或绿肥结合到土壤中或通过减少滑道和运输道路来减少土壤碎裂。

	适用于：仅植树造林/再造林项目
过渡期 3年	准备一份报告，说明为改善土壤肥力和状况而采取的措施
指导意见：措施可包括诸如精华混合、减少冲击测井技术，将堆肥或绿肥加入土壤或通过减少滑道和运输道路来减少土壤碎裂	

第三，灌溉水源。编制一份水源清单，使用清单中的水源灌溉FCC项目区域的树木，并根据当地流域定位项目。

	适用于：仅植树造林/再造林项目
过渡期 3年	可以编制一份水源清单，使用清单中的水源灌溉FCC项目区域的树木，并根据当地流域定位项目
指导意见：还可以使用地图来显示水源的位置	

第四，水的可持续利用。随时了解水源情况。

	适用于：仅植树造林/再造林项目
过渡期 6年	可以随时了解项目区的水源情况。如果当地环境部门或其他实体认为水源处于枯竭、危急或承受过大压力情况，可以与当局或当地进行对话，以确定可能的方式参与研究或解决方案。在任何情况下，该项目都不会导致当地社区使用的水源枯竭
指导意见：我们鼓励监督在所在地区工作的地方当局，大学或组织了解有关水源可持续性的现有知识和信息	

第五，可持续用水培训。包括：估算生产过程中需要多少水；测量（或估算）从水源中提取多少水；优化和维护配水系统；并在适用的情况下采用再循环，再利用和/或循环水的方法。

适用于:仅植树造林/再造林项目	
过渡期 6年	可以培训生产者有效使用水的措施。包括:估算生产过程中需要多少水;测量(或估算)从水源中提取的水量;优化和维护配水系统;在适用情况下采用再循环,再利用和/或循环水的方法

第六,处理加工设施的废水。处理来自中央处理设施的废水,对水质、土壤肥力或食品安全没有负面影响。

适用于:仅植树造林/再造林项目	
过渡期 6年	处理来自中央处理设施的废水的方式不会对水质、土壤肥力或食品安全产生负面影响
指导意见:加工设施产生的废水包括加工过程中污染的水和卫生设施产生的废水。可以制订一个计划来监测从加工设施排出的废水的水质。这样的计划可能包括:可接受的废水水质的基线水平,水质分析的方法,指定的监测频率以及将任何污染物发生率降低到适当水平的方法。可以在处理设施中安装水过滤或其他处理系统	

第七,关于废水和健康风险的培训。向生产者提供有关废水及其相关健康风险以及与废水处理方法相关的风险的培训。

适用于:仅植树造林/再造林项目	
过渡期 6年	向生产者提供有关废水及其相关健康风险以及与废水处理方法相关的风险的培训
指导意见:可以进行改善会员卫生条件的补充培训	

通过公平贸易气候标准的实施,小生产者拥有了"对抗气候变化影响的工具",Sadick在加纳种植了9英亩(1英亩=4 046.86平方米)的可可。他已经做了18年,气候变化导致他的生产经营变得越来越困难。他的农场的一部分位于岩石陡峭的山坡上,不适合种植可可。由于可可对环境变化很敏感,由于气温升高、降雨模式不稳定以及树木对干旱的敏感性增加,可可豆的种植变得越来越困难和不确定。由于降雨模式变化,过多

的阳光导致大部分可可死亡。Sadick 表示，自从成为动态农林业（DAF）项目的一部分，他的农场受到各种树木的保护。动态农林业是农业耕作和农林业的结合，帮助农民掌握创造类似天然森林系统的技术，支持各种不同的粮食作物生产。公平贸易推行的动态农林业（DAF）项目，为专业合作社的农民提供培训，让他们了解如何通过改良土壤、种植树木和提高生物多样性来适应气候变化。通过模仿天然林，能够提高土壤肥力，减少病虫害，控制土壤侵蚀以及增加额外收入。该项目旨在促进400名农民参与动态农林业项目，到2025年再增加1 000公顷，动态农林业涉及可可与其他树木间作，例如杧果、鳄梨和橙子。该项目还扩大了其他多样化的生产体系（其中涉及集成其他非树农作物，如豇豆、芋头根等），目标是至少2 500个农户参与。通过推动动态农林业实践和多样化的生产系统，进一步砍伐森林的风险可能会得到缓解，还可以推广生物多样性森林。

3.4 赋权赋能小农户参与社区治理

3.4.1 赋予公平贸易认证的贫困农民和工人权利

（1）提出"非歧视"和职业健康与安全的明确要求

公平贸易小生产者标准指出，歧视是指不基于人的能力或成绩而以不公平的方式对人区别对待。鼓励对小生产者组织的"正面差别待遇"，包括弱势群体或少数民族群体的成员。公平贸易组织要求认证的小生产者组织不能因种族、肤色、性别、性取向、残疾、婚姻状况、年龄、艾滋病、宗教、政治见解、语言、财产、国籍、民族身份或社会出身对成员进行歧视或限制新成员加入。不能在参与、投票权、被选举权、进入市场、培训机会、技术支持或其他任何成员福利方面进行歧视。具体而言，一是决定谁能成为组织成员的规则不能具有歧视性。二是必须对组织中的弱势群体/少数民族群体进行确认，可依据性别、年龄、收入或土地面积等特征。三是必须为确认的弱势群体/少数民族群体制定发展项目，用以改善他们在组织中的社会和经济地位，并将这些发展项目纳入公平贸易发展计划中。

公平贸易组织明确要求小生产者组织为成员提供安全的生产环境、保证工作流程、工作场所、生产场所的机器和设备安全，配备急救包和设备以及足够数量的受过急救培训的人员，并且饮水安全、卫生厕所、设施配备必须与人员数量比例恰当，为工人和小农户提供清晰明确的安全提示，并对儿童、孕期或哺乳期妇女、残障人士、慢性病患者等特殊人群和具有危险性的工作作出明确规定。

（2）注重贫困女性的权益保护和能力提升

贫困女性化是发展中国家减贫过程中面临的重要议题之一。有研究指出，在我国实现脱贫的近1亿贫困人口中妇女约占一半（仙珠 等，2023）。贫困女性化不仅是女性收入上的贫困，也表现为社会和政府存在对其赋权不足和性别偏见。公平交易运动关注并支持妇女创办自己的企业，并培训她们成为企业家和社区领袖。公平贸易标准从5个方面规定了小农户生产者需要维护女性的权利。一是不因性别或婚姻状况而受到歧视，二是零容忍恐吓、性虐待或性剥削行为，三是招聘工人时不进行怀孕检测，四是要制订支持弱势群体和少数群体（如妇女）的计划。这些规定期望能够防止性别不平等，提高女性参与度，并赋予更多妇女和女孩权利，使其能够享受公平贸易的好处。2021年获得公平贸易认证的小生产者组织中，雇用女性工人的数量达到81 514人，占雇用工人总数的45%；其中生产鲜花、茶叶的小生产者雇用的女性工作最多，分别为38 950人和26 741人，占雇用女性工人总数的80.6%（表3-2）；雇用女性农民的数量达到36.4万人，占全部小农的20%，其中咖啡和茶叶的小生产者的女性农户最多，分别为156 722人和100 138人，二者占小生产者组织女性农户的70.5%（表3-3）。

表3-2 2021年公平贸易支持的女性工人数量

产品	女性工人（人）	工人数（人）	占比（%）
香蕉	4 127	25 672	16
干果	530	1 319	40
鲜花	38 950	71 060	55
鲜果	6 722	17 342	39
药材	453	1 999	23
足球	447	2 520	18

(续表)

产品	女性工人（人）	工人数（人）	占比（%）
茶叶	26 741	53 115	50
蔬菜	2 347	4 960	47
红酒	1 197	3 875	31
总计	81 514	181 862	45

表 3-3　2021 年公平贸易支持女性农民的数量

产品	女性农户（人）	农户总量（人）	占比（%）
香蕉	2 191	10 223	21
可可	74 331	477 347	16
咖啡	156 722	872 916	18
棉花	7 585	40 033	19
大米	2 945	11 348	26
糖	8 493	49 709	17
茶叶	100 138	347 287	29
干果	181	503	36
鲜果	1 225	6 889	18
果汁	35	153	23
药材	3 636	14 646	25
蜂蜜	362	3 259	11
坚果	3 019	18 002	17
油籽	1 416	6 243	23
蔬菜	788	3 879	20
红酒	171	525	33
小麦	1 070	1 922	56
黄金	190	1 903	10
总计	364 498	1 866 787	20

公平贸易生产者网络推出女性领导力学校，支持女性生产者能够学习商业、谈判和财务技能。公平贸易通过社区返款，促进社区女性创业和改变对性别歧视的教育。通过专业的学习，一部分女性农户具备了管理技能，并拥有与家中男人一样的发言权，能够在她们的家庭农场决策中发挥积极作用。在公平贸易的帮助下，贫困地区的小农户中产生了一批女性农业企业家，还有一些女性继续在她们的合作社和社区中担任领导和委员会职务。

3.4.2 提高贫困小农户的社区公共意识和参与能力

参与式治理是指赋权给那些与政策具有利害关系的个人或组织，扩大其参与公共政策的决策过程（Pateman，1970）。强调社会多元主体参与公共事务管理，正是治理不同于管理的关键所在。2013年党的十八届三中全会首次提出了创新社会治理，党的十九届四中全会提出推进国家治理体系和治理能力现代化，并提出"在城乡社区治理、基层公共事务和公益事业中广泛实行群众自我管理、自我服务、自我教育、自我监督，拓宽人民群众反映意见和建议的渠道，着力推进基层直接民主制度化、规范化、程序化。"我国脱贫地区农民参与治理的总体水平和能力还比较低。已有研究表明，村民特别是脱贫地区农民参与乡村治理面临着主体地位缺失、参与意愿不高、获得信息渠道不畅等问题（左停 等，2009）。

国际社会组织在中国减贫实践中发挥了一些作用，如涉及推动贫困人口参与治理。在公平贸易减贫实践中，也有专门条款规定要促进农民参与农村社区发展与治理。公平贸易标准规定，农民通过农民组织或合作社共同决定他们希望社区如何发展，并确定和规划有利于整个社区的发展方案。这种参与决策赋予农民一种主人翁意识。具体而言，公平贸易主要是通过社区返款的用途方面，要求必须由农民专业合作社的社员民主决策，推进小农户有效参与到农民专业合作社发展、所在农村社区基础设施建设、公平贸易协会理事长的选举等方面，在推进农村基层民主制度发展、农村社区管理、流域治理、环境保护等方面发挥了积极的作用。我国湖南省湘西州古丈县默戎镇盘草村通过投票方式决定利用公平贸易返款，出资2万元建设村医务室、15万元建设图书馆、50万元修路（刘湘辉 等，2021）。湖南省常德市石门县罗坪乡栗子坪村1 260亩（1亩≈667平方米）有机茶叶基地取得国际公平贸易组织标签，获得公平贸易认证返款资金3万欧元，折合人民币近26万元，村民通过投票决定将全部返款用于改造茶叶加工设备和补贴茶农购买良种茶苗。

3.4.3 通过社区返款促进乡村建设与发展

公平贸易社区返款主要用于社区发展、改善小农户生产条件、提高农户技能培训和改善医疗、教育等，赋予农民更多权利。从实践来看，社区返款通常被投入其他社区项目中，或者提高农民专业合作社及其成员的能力，并且社区返款如何使用必须由社员投票决定，赋予了农民参与村庄治理的权利，激活了农民的主体性。2015年，公平贸易在亚太地区的社区发展返款总额近1 090万欧元，占全球返款的10%左右。亚太地区公平贸易的返款数量增加了4%，现在在亚太地区有26万名参与公平贸易的农民，对这些农民的返款达到了920万欧元，这个数字也是相当高的。对10万名工人的返款达到了170万欧元。按产品来看，公平贸易返款第一位是咖啡，占总返款的41%；第二位是蔗糖，约占23%；紧随其后的是茶叶21%，棉花8%。从国家来看，印度是获得返款最多的国家，2015年返款达到283.34万欧元，占亚太地区返款总额的27%；第二位是印度尼西亚，2015年返款额达到275.56万欧元，占亚太地区返款总额的25%；位居第三位的国家是斐济，返款额达到219.26万欧元，占亚太地区返款总额的20%；越南和中国的返款额分别为52.2万欧元和51.17万欧元，分别位居亚太地区返款总额的第四位和第五位。

公平贸易社区发展基金主要用于生产合作组织建设、社区发展建设、直接提升社员能力三个方向。具体来看，用于生产合作社建设的占46%，其中用于生产合作社人力资源管理的占25%，用于基础设施和设备改善的占21%；用于社区服务的占15%，主要用来发展教育、社区医疗、社区基础设施建设等；直接用于社员自身建设的占23%，包括提供生产工具（9%）、开展最佳农业实践（6%）、农业技术培训（3%）、直接分给社员（5%）。

哥斯达黎加的Coocafe合作社将70%的公平贸易返款投入一个生产者基金中，这个基金以小额贷款的方式向合作社成员提供贷款。剩余的30%被投入一个社会资本基金，用于筹资和向社区投资，如设立中学奖学金、大学奖学金和旨在缩小城乡学生教育质量差距的教育推广基金。教育推广基金支持农村学校校舍的建设和购买教材，并提供奖学金（Ronchi，

2002)。尼加拉瓜的情况类似，合作社将返款用于向生产性基础设施投资、偿还债务、向成员提供贷款、提供技术支持和培训、支付合作社的行政和认证费用，以及资助农村社区的住房和教育项目（Bacon，2005）。印度 FTAK 农民专业合作社成立于 2006 年，是以咖啡种植以及腰果、香料种植为主的小农户生产合作社。其中，咖啡种植户位于西高止山脉丘陵地区的喀拉拉邦。腰果种植主要在 Kasargod 和 Kannur 地区，香料种植主要在科泽科德和 Wayanad。该合作社使用社区发展基金返款建立了灾害管理基金，这对山脚下的农户非常重要，在雨季时间有山体滑坡造成严重破坏，农民需要立即援助，特别是当他们无家可归、庄稼被毁的时候。政府援助往往是延迟和不充分的，合作社灾害管理基金发挥了重要的补充作用。

第4章

公平贸易在中国的发展

4.1 公平贸易在中国发展的总体情况

目前，我国尚没有国家级的公平贸易生产者组织或公平贸易市场推广组织。位于中国香港的香港乐施会于2002年最早推动公平贸易，2008年成立了香港公平贸易联盟并与FLO在2012年签署成为"公平贸易推广组织"。在中国台湾，生态绿股份有限公司于2006年开业，2007年获得FLO商标授权；2010年，中国台湾成立公平贸易推广协会；2015年，台北成为公平贸易城市。目前北京、上海、江西、四川等少数地区有公平贸易产品在销售。参与国际公平贸易的农民专业合作社也仅限于生产茶叶、咖啡等少数产品。截至2023年，我国有28家小农合作社加入了国际公平贸易组织，其中包括20个茶叶生产商、3个花生生产商、1个咖啡生产商（二级）、2个苹果生产商和2个轧花厂生产商。他们所有的产品都是以出口为导向的，主要目的地市场是美国和欧盟（表4-1）。

表4-1 中国获得国际公平贸易认证的部分小农户组织情况

序号	生产商名称/编号	产品	所在地	联系人及地址
1	大鄣山有机茶农协会_560	茶	江西	姓名：周* 地址：江西婺源大鄣山有机食品有限公司
2	江西婺源溪头_3923	茶	江西	姓名：余** 地址：江西省婺源镇紫阳镇书香路
3	宣恩益生茶合作社_4440	茶	四川	姓名：温* 地址：四川省巴中市东湖高科技开发区珞狮南路501号

(续表)

序号	生产商名称/编号	产品	所在地	联系人及地址
4	巨日合/扎鲁特旗农民合作社_19418	蔬菜/油籽/含油水果/水果	内蒙古	姓名：刘＊＊ 地址：内蒙古自治区通辽市扎鲁特旗巨日合镇
5	沂水兴业花生专业协会_20508	坚果	山东	姓名：陆＊＊ 地址：山东省沂水县文昌路1号
6	古丈有机茶产业有限公司_21722	茶	湖南	姓名：彭＊＊ 地址：湖南省临湘市湘茶路504室
7	绍兴上虞格厄姆茶农协会（曾用名：上虞格雷厄姆茶协会）_25277	茶/花茶/香料	浙江	姓名：赵＊＊ 地址：浙江省张镇台山村
8	沧源响赛茶集团_25997	茶	云南	姓名：马＊＊ 地址：昆明市东风东路建功楼2316室
9	济源华康养蜂专业合作社_27115	蜂蜜	河南	姓名：崔＊＊ 地址：河南省济源市梨林工业园
10	宁夏自然有机水果合作社_27350	生鲜水果	宁夏	姓名：尚＊＊ 地址：宁夏青铜峡大沟村四组36号
11	兴城市正民花生种植专业合作社_27794	花生	辽宁	姓名：薛＊＊ 地址：辽宁省兴城红崖子镇梁屯村
12	临沧双峰有机茶专业合作社_28579	茶	云南	姓名：温＊ 地址：东湖高科技开发区珞狮南路501号
13	南靖县益丰水果蔬菜专业合作社_28617	药草/花茶/香料	福建	姓名：孙＊ 地址：福建省南靖县河墘村吴坑100号
14	石门中平茶专业合作社_32987	茶	湖南	姓名：彭＊ 地址：湖南省常德市石门县湘茶路504号
15	普洱咖啡专业合作网_32281	咖啡	云南	姓名：高＊ 地址：云南省普洱市振兴路6号

资料来源：FLO官网，由作者整理。＊联系人及地址中包括联系人姓名、电话、邮箱和联系地址，由于涉及个人隐私，作者过滤了敏感信息。

4.2 公平贸易在中国发展的典型案例

4.2.1 江西婺源绿茶与公平贸易

(1) 婺源县绿茶产业发展情况

江西婺源县位于江西东北部的山区，是著名的茶乡，当地历来以种茶为主。婺源绿茶在国内外享有很高的声誉。婺源绿茶是中国最古老的茶叶之一，1 200多年前唐代《陆羽》茶经已有记载；到了宋代，更是被称为"绝品"，而在明代，已被列为"贡品"。人们熟知的龙井是到了清代才开始成名的。由于独特的自然和地理条件，婺源的大鄣山地区被誉为高品质茶叶生产基地。

20世纪90年代，中国茶叶行业进行改革，从传统的国家统购统销的计划经济，转变为市场经济，由各地方政府、茶企等自由流通，本来一叶难求的婺源绿茶变得无人问津，也不知道往何处销售。这个过渡当然是不容易，要想在中国众多绿茶中脱颖而出，的确要费尽心思。但有前瞻视野的俞京红副县长，觉得有机绿茶可以让婺源绿茶在绿茶市场中卓立鸡群。

1996年中国绿色食品中心把食品审批分为A级和AA级，A级容许有限度使用科学肥料及农药，AA级则需达到欧盟和美国有机食品的标准。这为婺源绿茶带来了转机。溪头乡茶农一直采用传统技术种植生产绿茶，从来没有使用过化肥和农药，当地也没有任何工业化污染，所以，1996年溪头乡茶农生产的婺源绿茶顺利通过了AA级认证；当时全国只有八种食品达到了AA级，婺源绿茶是其中唯一的茶叶。

溪头乡位于江西省婺源县东北边陲，东北与安徽省休宁县接壤，紧靠黄山，南邻伟人故里江湾镇，西北与段莘乡交汇。地域面积122平方千米，辖8个村委会，53个自然村，总人口1.2万人。溪头乡婺源绿茶从最早的南京国环的有机认证，到欧盟的ECOCERT有机认证，是中国最早从事有机茶业务的地区之一。

(2) 大鄣山茶农协会与公平贸易

大鄣山乡位于婺源北部边陲，东连沱川乡，南接清华镇，西与赋春镇毗邻，北与安徽省交界。全乡总面积199平方千米，人口18 852人，下辖14个村委会，是一个典型的山区林业乡，森林覆盖率达89%，山林面积

12.9万亩，毛竹林2万余亩，有机茶园4 000亩。

1996年开发生产的"大鄣山茶"就以AA级绿色食品定位产品的内在品质，1997年大鄣山茶开始销往世界最发达的国家和地区，并以"中国大鄣山有机茶"的品牌持续占据欧盟有机绿茶市场50%以上的份额。大鄣山乡原名"鄣山乡"，后因"大鄣山茶"的品牌国际知名，而改名为大鄣山乡。

2001年经大鄣山有机茶的欧盟客商提议，由大鄣山茶基地的茶农发起，成立了婺源有机茶茶农自己的组织——婺源县大鄣山有机茶茶农协会，通过2年的努力，茶农协会以大鄣山茶品牌和国际市场为依托，以《中华人民共和国村民自治法》为保障，正式加盟于国际公平贸易标签组织（FLO），成为FLO组织在中国的产品供应商，之后，大鄣山茶在国际市场上销售就可以加贴FLO标签，销售到FLO组织成员单位时，他们就会支付0.5~1美元/千克的超额价格，作为协会的公平贸易的返款资金。大鄣山乡茶农协会每年获得的返款金额超过100万元，仅考水分会的茶农协会就能获得40万元。截至2017年，大鄣山茶农协会已在婺源建立了大鄣山有机茶生产基地2.12万亩，分布在婺源县的10个乡镇113个自然村，大鄣山茶农协会分会20个，协会会员3 349户。

（3）溪头乡茶农协会与公平贸易

茶叶是溪头乡的传统产业，也是溪头乡的主导产业。茶叶产值占溪头乡农业产值的17%，茶叶收入占农民收入的1/4。溪头乡现有茶园面积6 400亩。江西省婺源县溪头乡茶农协会成立于2005年，协会现有社员626户，茶园面积达3 000亩左右。为了出口贴有公平贸易标签的产品，在成立之初，溪头乡有机茶农协会就向FLO提交了认证申请。经过协会和公司的共同努力，2007年获得公平贸易认证，并加入了世界公平贸易标签组织（FLO），成为中国为数不多的获得公平贸易的茶园之一。

协会要严格按照章程执行。溪头乡茶农协会自制章程，并且协会要按照国家公平贸易组织的要求，定期召开全体代表大会，决定公平贸易发展基金的使用方向。

产品销售到国际市场的途径。溪头乡绿茶进入公平贸易体系主要是采用"公司+协会+农户"的模式，通过协会组织茶农采收，控制绿茶品质，茶农协会对茶进行初级加工后，将绿茶销售给梨园有机茶公司。公司根据国际贸易商的要求对茶叶进行不同程度的再加工，梨园有机茶自1996年以来连续九年通过国际权威有机食品认证机构——欧盟 ECO 认证,产品远销东南亚和欧盟等国家。

(4) 公平贸易对当地农户增收和社区发展的影响

首先,公平贸易为婺源溪头乡茶农提供了稳定的茶叶销售渠道,解决了茶农卖难的问题,稳定了销售的价格,并提高了当地农户的种茶收入。成为公平贸易生产者以后,作为协会会员的茶农们不用再担心茶叶销售的问题(销量和价格),特别是协会的茶叶收购价一般比市场价高 30%~50%。而且收购价是在每年的 2 月、3 月开始收茶前决定的。因此,会员茶农收入比非会员茶农收入高 15%~20%,增收效果明显。所以,茶农愿意接受协会的技术指导,并把茶叶卖给协会。

更多茶农愿意加入协会,协会的影响力因此而扩大,工作也更加容易开展。有机茶叶公司也愿意向协会支付较高的价格,获得稳定的、优质的有机茶叶货源。而且,由于协会与茶农之间建立了紧密联系,为公司节约了向茶农传播有机种植知识、技术、规范茶叶种植的成本,并且有利于保持统一的产品质量标准。

其次,公平贸易返款促进了当地社区发展。FLO 规定,在出售公平贸易绿茶的收入中,按照 0.5~1 欧元/千克的标准向协会返款,返款金额直接汇入茶农协会账户,作为协会基金,用于反哺溪头乡有机茶种植者,为农民改善生产、生活条件以及子女的学习环境。

公平贸易的返款资金,实行 FLO 总部督察、专款专用、民主决定原则,主要使用原则范围:一是经营发展,改善小生产者的生产条件;二是培训和能力建设;三是社会公共事业建设,如公共事业服务的改善(用水、卫生等),支持学校和教育项目,支持公共健康项目,支持社会福利的其他方面(如重病、单亲母亲等),支持环境保护的发展;四是应对经济危机和自然灾害。

截至 2017 年,婺源县溪头乡茶农协会共收到公平贸易基金 400 余万元,年均返款金额为 40 万~50 万元。这些基金按照公平贸易标签组织标准的要求,全部用于生产者所在地,帮助溪头乡茶农发展生产、保护环境、改善生活。婺源县溪头乡茶农协会利用公平贸易返款开展以下投资活动。在社会发展方面,协会主要集中于教育和医疗。一是协会投资新建一所小学,并为当地的贫困学生提供支持,对每个考上大学的茶农子弟,奖励 1 000 元奖学金。目前协会已经扶持了 160 多名茶农子女上大学。二是协会为社员提供医疗保险，并支付社员的急诊费用。看望患大病的茶农及家属，给他们力所能及的帮助。

在生产活动方面，一是根据茶农的协商决定，帮助当地的茶农新建了一座建筑面积为 3 000 多平方米的茶叶初制加工厂房，购买了新的机器设备，还修缮了 6 座茶叶初制加工厂。二是改善交通条件，帮助边远山区修路，安装路灯。三是向茶农提供技术支持，帮助茶农解决生产中的技术难题。

4.2.2 上海乐创益公平贸易发展中心的主要实践

上海乐创益公平贸易发展中心（以下简称"乐创益"）于 2009 年 9 月在上海市静安区民政局注册，属于公益性社会组织。创始人是陈乐丛。乐创益自创办以来不断调整发展理念，根据市场需求创新运营模式，并在推广公平贸易理念和帮助社会弱势的手工艺人提升发展能力等方面进行了先行先试。乐创益按照公平贸易的理念，帮助手工艺人提升能力，实现了低收入手工艺人就地增收，从而缓解了帮扶地区的留守儿童、失学儿童、夫妻分居和独居老人等社会问题。

（1）乐创益的发展理念

乐创益是依据 iMART 创意市集的需求萌生的一个公益组织。乐创益最初愿景是"大众认同可持续发展是贸易的核心，经济边缘化的群体能够通过公平贸易发挥其能力，维持体面和有尊严的生活"，使命是"探索将公平贸易原则运用到中国各相关产业链，并找到其运作的合理模式，惠及贫困和弱势人群，帮助他们摆脱贫困"。2014 年，乐创益将其使命调整为"让公平贸易理念深入人心"。

（2）乐创益的主要运作模式

公平贸易+创意市集。2009—2012 年，乐创益主要的运作模式是将"公平贸易"和"创意市集"结合，按照可持续的"公益"+"创意"的发展思路，倡导"公平贸易"和"创意支持公益"的社会环境，保障创作者和生产者的权益，尝试建立创作人与 NGO 团体、传统手工艺、少数民族弱势群体的合作与帮扶机会，并逐步推出中国的创意类手工艺品。

乐创益协调手工艺合作社的成员、设计师和店铺经营者，并根据三方的共识，制定了试行的定价原则（图 4-1）。其中，处于生产链前端没有话语权的产品加工者的收入需符合以下条件之一：不低于当地的最低工资标准或不低于产品零售价的10%。设计师的收益为10%，店铺以公益参与的合作形式，设立"公平贸易点"，以低于市场利润的销售比例销售公平贸易属性的产品，履行店铺的"微公益参与"。根据合作三方的期望值，乐创益制定了作为服务性平台可获得的服务费。

零售价
- 产品代销价（原材料+加工费占10%~80%+设计10%+统筹/物流/差旅）
- 销售收益（产品物流+产品包装+销售员人工）
  - 单价200元（含）以下，每件收取20%
  - 单价200元（不含）以上，每件收取15%
- 税（假定税金为每件产品零售价的5%）
- 乐创益服务费
  - 单价100元（不含）以上，每件收取5元/件
  - 单价50~100元，每件收取2元/件
  - 单价50元（含）以下，每件收取1元/件
- 社区发展金：用于产品研发、包装；如有结余，用于手工艺人的培训和学习

图4-1　乐创益对公平贸易属性手工艺品的试行定价指导（2009年）

截至2016年5月，乐创益分别为黑头、凤龙、靛蓝、SHU手工、吉颜吉语等创意品牌与都江堰市火凤凰社会工作服务中心、欣耕工坊、巧娘工作室、广州血友之家、周山村妇女手工协会建立了加工合作关系，与控拜银匠协会、苗苗手工合作社和"蓝草"等建立了店铺销售合作关系。发展了10家合作店铺，包括广州简HAUS 2.0（2012年停业）、苏州绿咖啡、上海西井汇、澳门边度有书、北京悠唐真锅（2012年停业）、武汉In Coffee（2011年停业）、佛山618街区、杭州卡纳咖啡、北京拾川（临时）和上海语麦JIA。

"公平贸易+创意市集"这一运营模式一直面临着严峻的挑战。一是合作中的困难。在创意品牌与生产合作社的加工合作中，质量不合格、未按时交货的情况一直存在，且手工艺人的加工技能不稳定，设计师慢慢失去与手工艺人合作的兴趣。二是创意手工艺品的销售渠道难以铺开。由于国内关注公平贸易产品的消费者不多，导致实体店很难积极投入纯公平贸易属性手工艺品的销售。三是乐创益的知名度没有得到公众广泛认同，难以规模化。基于以上3个原因，该运营模式慢慢萎缩。

公平贸易+"旅游+手工艺品DIY"。2013年开始，乐创益将公平贸易与旅游和手工艺品DIY（Do it yourself，按照自己的意愿做某事）两个行业结合起来，分别与旅行社和手工教室合作，策划了"去远乡学手艺"和"乡土民艺传承"两个项目。"去远乡学手艺"鼓励出门游玩的人向手

工合作社的成员学习手工艺,并以公平贸易原则支付学费给手工艺人。这一运营模式更紧密结合中国手工艺人的情况,运用手工艺人所熟悉和擅长的技巧去创造财富,并大胆涉足旅游和手工艺品 DIY 两个行业。在这个运营模式下,商业渠道将不局限于店铺。

(3) 深入推广公平贸易理念

2014 年以来,乐创益围绕"让公平贸易理念深入人心"这一发展理念,开展了多项公益活动。一是组织"公平贸易派对"。关注和支持美食背后的生产者是大家公益参与的体现。乐创益与圆恩空间、上海亮碟合作,于 2014 年 11 月、2015 年 3 月和 5 月举办了三期"公平贸易派对"。二是组织了公平贸易进校园活动。在欧洲,公平贸易专业已经纳入大学教育,中国台湾和中国香港也在校园内积极开展公平贸易知识普及,而我国其他地区对公平贸易的教育几乎是空白,仅有部分学校的外教老师传播一些相关知识。乐创益在 2013 年 3 月开始组织公平贸易中文版教材的编写,并启动了"公平贸易进校园"项目,希望通过互动式教育,培养年轻一代了解公平贸易。三是开发了公平贸易(中国)指南网站。通过该网站,帮助创意品牌、生产合作社和公益店铺统计产品成本,并使消费者了解设计师和加工者是否获得合理性的劳动收入,宣传公平贸易理念。但由于运营方面的问题,该网站已关闭。四是组织"在公益活动中遇见公平贸易排行榜 2015"活动。2015 年,乐创益与北京圆恩空间、黑龙江省大众社会工作服务中心、海南青年创新创业促进会、共益巷、四川天泽慈善基金会共同发起"在公益活动中遇见公平贸易排行榜 2015",将目光对准影响力日益扩大的公益活动,推动公益组织了解、参与公平贸易。

(4) 开展帮扶对象的能力建设服务

帮扶对象的能力建设是公平贸易中一项非常重要的组成部分。乐创益努力为帮扶对象创造更多的学习和交流机会,积极募款和寻找各种场合,让帮扶对象的能力得以增强。在 6 年的时间里,乐创益举办和参与了多项提升帮扶对象能力的活动。一是组织帮扶对象参加各类型的展会,通过现场观摩,开阔他们的眼界,找准市场需求和定价标准。分别组织帮扶对象参加了 2010(第四届)上海国际礼品家居品展览会"天工之城"主题展、2011 年安徽省桐城市孔城镇"孔城老街风情节"等,帮扶了来自 8 个省的 11 个机构 30 余名手工艺人。二是组织开展公平贸易和相关专业技术培训。2011 年以来，围绕不同的主题，为贵州乡土文化社的少数民族妇女、手工艺人学员、三峡移民先后组织了 7 次专题培训班。三是帮助帮扶对象开展市场宣传。乐创益推荐苗苗手工合作社的甘小芝参加中央电视台财经频道《购时尚》栏目，展示来自苗寨的传统和时尚。2015 年 10 月，在上海市创意产业协会手工 DIY 产业促进中心的支持下，乐创益申请到参展展位，并邀请了"归了""乐与永续"和长春心语志愿者协会参展。

4.2.3 公平贸易在中国香港的发展

20 世纪 90 年代，中国香港开始有咖啡店和有机商店引入公平贸易产品，但为数不多。中国香港公平贸易市场经历了十几年的发展，最初萌芽的过程发展比较缓慢，根据香港公平贸易联盟数据，2002 年香港乐施会最早在中国香港推出"贸易要公平"运动，推广公平贸易咖啡，成为首个在香港推行的公平贸易运动。2003 年 Just Java 咖啡烘焙商申请通过了公平贸易认证，并开始在香港销售公平贸易咖啡，2005 年香港共有 50 余种公平贸易咖啡销售，2006 年香港第一家公平贸易商店"恩与美文化馆"成立，2007 年香港 10 个公平贸易推动商在世界公平贸易日开展了"公平贸易嘉年华"，"公平栈"成为香港首个取得公平贸易认证的品牌。2008 年香港公平贸易联盟成立，并与香港乐施会合署办公，主要包括学校委员会、推广委员会和市场委员会三个部门。2010 年 10 月香港公平贸易联盟注册成为有限公司及慈善团体，是推动公平贸易的非牟利组织，透过推动公平贸易经济，使发展中国家的生产者得到合理回报，缓解贫穷及社会不均，并建设可持续发展的未来。2012 年中国香港公平贸易联盟正式成为国际公平贸易组织（Fairtrade International）辖下的公平贸易推广组织（Fairtrade Marketing Organization，简称 FMO），授权在中国内地及港澳地区推广及监察公平贸易认证标签的使用。截至 2018 年 7 月，与公平贸易联盟建立合作关系的公平贸易商共有 30 家。

中国香港是公平贸易产品的主要消费地，公平贸易联盟的主要工作是宣传公平贸易理念。2007 年以来，香港公平贸易联盟每年都会举办"公平贸易嘉年华"活动，同时推动公平贸易进校园、公平贸易足球杯、公平贸易电影会、公平贸易节。公平贸易联盟也推动企业活动，推动企业参与和支持公平贸易。

4.3 中国消费者支持公平贸易的意愿及影响因素

目前，小农户仍是我国农业生产经营的重要主体，小农户在市场竞争中常常陷入弱势地位。小农户如何对接大市场成为关系到我国农业发展质量提升、乡村产业振兴和精准脱贫攻坚的重要问题。公平贸易为发展中国家小农户提供更好的贸易条件，确保他们的权益得到可持续的发展。公平贸易是通过建立一种基于对话、透明和尊重的贸易伙伴关系，追求国际贸易的更大公平性（Bacon，2005；刘婧 等，2013；曲如晓 等，2009；Strong，2015）。国际公平贸易发展的70多年实践表明，在公平贸易运行机制中，消费者的支持和信赖是公平贸易小农户进入市场的根本保证。已有研究从最初的针对消费者社会意识、社会责任消费的人口和社会心理研究逐步向道德消费、社会规范理性领域拓展。然而，针对我国消费者购买公平贸易产品的意愿的研究还非常少。本书从消费者购买意愿的视角，基于多元选择模型，分析北京、上海、南京、杭州4个城市866名消费者对公平贸易产品的购买意愿和支付价格意愿，以及影响消费者购买公平贸易产品的主要因素，为推动公平贸易在国内的发展，促进我国小农户以公平贸易方式进入大市场提供参考。

4.3.1 理论框架与模型构建

（1）变量选择

公平贸易是消费者发起并依靠消费者支持的帮助社会弱势群体活动更高价值链分配的市场机制。Anderson（1972）指出具有一般社会责任消费者在消费决策时会表现出社会意识倾向，做出改善环境和社会福利的购买行为。Shaw 等（1999）首次提出道德因素是人们购买公平贸易标识产品的主要动因，随后学者通过不同方法验证了这一判断（Chatzidakis et al.，2016；Yamoah et al.，2016；Ladhari et al.，2017）。本书基于已有研究对道德消费的探讨，尝试构建分析我国消费者购买公平贸易产品的影响因素理论框架。具体从消费者个人社会特征、消费者个性特征、消费者购买产品时考虑的重要因素，考察影响消费者购买公平贸易产品意愿的主要因素（表4-2）。

表 4-2 变量选择及赋值

潜变量	可观测变量	变量赋值及含义	预期影响
个人情况	性别	1=男性；0=女性	-
	年龄	1=年龄在 18~35 岁；0=年龄大于 35 岁	+
	教育程度	1=本科及以上；0=本科以下	+
	职业	1=有职业（在职）；0=无职业（退休）	+
	收入水平	1=家庭月收入大于等于 6 000 元；0=家庭月收入小于 6 000 元	+
个性特征	愿意尝试新鲜事物	1=是；0=否	+
	渴望成功	1=是；0=否	+
	冒险精神	1=是；0=否	+
	善于改变	1=是；0=否	+
购物时主要考虑的因素	价格	1=选择；0=未选择	+
	质量	1=是；0=否	+
	服务	1=是；0=否	+
	购物便利性	1=是；0=否	+
	购物环境	1=是；0=否	+
	个性消费体验	1=是；0=否	+
	渠道安全性	1=是；0=否	+
购买公平贸易产品意愿（Y）	购买意愿	1=完全不会买；2=多数情况不会买；3=基本不会买；4=不确定；5=基本会买；6=多数情况会买；7=肯定会买	
	支付价格的意愿	1=10%~20%；2=20%~40%；3=40%~60%；4=60%~80%；5=80%~100%；6=100%~120%；7=120%~140%；8=140%~160%；9=160%~180%；10=180%~200%；11=200%以上	

一是消费者个人社会特征。已有研究表明，消费者个人社会特征中，不同的性别、年龄、受教育程度、职业水平和收入水平对消费者的购买偏好产生较显著的影响。已有研究认为，对于经常购买公平贸易产品的消费群体而言，社会支配取向（Rios，2015）是决定购买行为的重要因素，性

别、年龄、受教育程度、职业和收入水平对消费者的社会价值取向具有一定的影响。本研究选取性别、年龄、受教育程度、职业和收入水平五个变量，探讨它们是否对消费者购买公平贸易产品的意愿具有显著的影响。

二是消费者的个性特征。Elena 等（2006）认为个性特征是影响行为的因素。本研究采用消费者是否愿意尝试新鲜事物、是否渴望成功、是否具有冒险精神、是否善于改变四个方面反映消费者的个性特征。

三是消费者在购买产品时重点考虑的因素。公平贸易产品作为满足消费者使用价值的产品，首先要考虑的因素仍然是价格、质量和服务这些产品本身的使用价值属性。其次，消费者通过购买产品实现对小农户和贫困人口的关爱，实现其社会价值，公平贸易的好处是消费者的社会承诺（价值）在购买的行为中得到表达和体现。这种方式不会产生额外的交易成本（如交通、获得信息等），这种产品包能够从购买意愿变为实现购买，还有一个原因是捐赠的额度相对于商品本身是比较小的，低成本低实现社会捐赠的意愿。Kizchgassner（1992，1996）的研究表明，道德行为的成本越低，采取道德行为的意愿就越高。Jeanine 等（2013）指出，标签认可度是影响消费者购买公平贸易产品的重要因素。本研究考虑消费者购买公平贸易产品的便利性、个性消费体验和渠道安全性，体现了消费者对标有公平贸易产品的便利性、标签认可度和通过购买实现社会价值的消费体验。因此，消费者在购买产品时重点考虑的因素中，选取了产品本身的价格、质量、服务，购买便利性、购物环境、个性消费体验、渠道安全性七个变量。

（2）多元 Logistic 模型构建

基于以上理论分析，构建消费者购买公平贸易产品意愿的多元 Logistic 模型。多元 Logistic 模型可以确定变量 X 对分类因变量 Y 发生概率时的作用方向和强度，假定 X_{ki} 为自变量，P_k 为模型的响应概率，建立相应的回归模型如下：

$$\ln\left[\frac{P_k}{1-P_k}\right]=\alpha+\sum_{k=1}^{m}\beta_k X_{ki} \qquad (4-1)$$

式（4-1）中，$P_k = p(y_{i=1} \mid X_{1i}, X_{2i}, \cdots, X_{ki})$，其中，$i = 1, 2, 3, \cdots, n$，$\alpha$ 为截距，β 为 Logistic 模型的回归系数，表示其他自变量不变时，该自变量变化一个单位引起的改变量。消费者购买意愿发生的概率

是由多种因素构成的非线性函数,其表达式为:

$$p=\frac{1}{1+exp\left[\alpha+\beta_1X_{1i}+\beta_2X_{2i}+\cdots+\beta_nX_{ni}\right]} \qquad (4-2)$$

发生比率(Odd)是反映两个二项分类变量之间关系的指标,被用来度量某自变量对因变量效用影响程度的大小,表示当其他自变量不变的情况下,该自变量变化一个单位,因变量发生$exp(b_j)$个单位的改变。发生比率的计算公式为:

$$Odd(p)=exp(\alpha+\beta_1X_1+\beta_2X_2+\ldots+\beta_nX_n) \qquad (4-3)$$

4.3.2 调查方案设计

(1) 问卷设计

问卷主要分为消费者个人社会特征、个性特征、购物时主要考虑的因素、购买意愿等四方面。其中,个人社会特征包括性别、年龄、教育程度、职业以及收入5个人口统计学变量。除收入外其他均采用二分变量,即每一个问题只有二个选项,以便多群组分析。消费者个性特征包括"是否愿意尝试新鲜事物""渴望成功""具有冒险精神""善于改变"四个变量。购物时主要考虑的因素包括"价格""质量""服务""购物的便利性""购物环境""个性消费体验""渠道安全性"。购买意愿包括"购买公平贸易产品意愿"和"支付价格意愿",在问卷设计时,购买公平贸易产品意愿的表述为:在购买同类同质产品时,您是否愿意为了帮助贫困人口,购买标有他们生产的产品,并支付更高的价格;支付公平贸易产品的价格意愿的表述为:您认为,如果是为了帮助贫困地区人口,购买他们的产品时,该产品高出同类同质产品价格的百分之多少是可以接受的。购买公平贸易产品意愿采用了7分制李克特量表,即根据受访者对题目的同意程度划分为完全不会买、多数不会买,基本不会买、不确定、可能会买、多数情况会购买、总是会买。

(2) 调查地点

根据我国各城市经济发展水平,从一线、二线城市中分别选取2个城市进行调研,包括北京市、上海市、南京市、杭州市。具体调研地点主要选择各城市中具有一定知名度的大型百货商场,如银泰、王府井、新华百货等。为了确保调研质量,课题组采取调查员在指定地点随机选取消费者进行问卷调查的方式,分别在北京和上海发放问卷300份,在南京和杭州发放问卷200份,共计1 000份问卷。剔除数据严重缺失和存在逻辑矛盾的问卷后,获得了有效问卷866份,有效问卷率为86.6%。具体调查地点分布如表4-3所示。

表4-3 调研地点和有效问卷数

城市类别	城市	调研地点	有效问卷（份）	占比（%）
一线	北京	北辰购物中心 西单商场 王府井百货	260	30.02
一线	上海	新世界百货 永安百货	254	29.33
二线	南京	新华百货 银泰百货	200	23.09
二线	杭州	银泰百货 华润万家	183	21.13

4.3.3 实证分析

（1）相关变量描述性统计分析

本研究从消费者个人社会特征、个性特征、消费者购买产品考虑因素的重要性、消费者购买公平贸易产品的意愿四个方面进行相关变量的描述性统计分析。

一是消费者个人社会特征。在866位受访消费者中,女性消费者为490人,占比为56.6%,男性消费者为376人,占比为43.4%,男女比例相差不大。从年龄结构来看,受访消费者在18~35岁的为652名,占受访者总人数的75.3%,35岁以上的消费者为214名,占受访消费者人数的24.7%。从受教育程度来看,受访消费者的学历水平总体上比较高,本科及以上学历的受访消费者有670名,占比为77.4%,本科以下学历的受访消费者为196名,占比为22.6%。从收入水平来看,家庭月人均可支配收入水平超过6 000元的有611人,占比为70.6%,家庭月人均可支配收入小于6 000元的为255人,占比达到29.4%。从职业情况来看,受访消费者为学生、家庭主妇、退休人员等无职业的受访消费者有261人,占受访消费者总人数的30.1%,受访消费者为政府、事业单位、国企、私企、外企、自由职业者等在职人员有605人,占69.9%（表4-4）。

表 4-4 受访消费者的个人基本情况

变量	变量定义	人数（人）	占比（%）
性别	女	490	56.6
	男	376	43.4
年龄	18~35 岁	652	75.3
	35 岁以上	214	24.7
受教育程度	本科以下	196	22.6
	本科及以上	670	77.4
家庭月收入水平	6 000 元以下	255	29.4
	6 000 元及以上	611	70.6
职业	无职业	261	30.1
	有职业（在职）	605	69.9

二是消费者个性特征。消费者个性特征在一定程度上反映了消费者对社会责任、社会条件变化的反应能力。愿意尝试新鲜事物的消费者有 684 人，占比为 79%，渴望成功的消费者有 727 人，占比为 83.9%；具有冒险精神的消费者有 595 人，占比为 68.7%；善于改变的消费者有 600 人，占比为 69.3%（表 4-5）。

表 4-5 消费者个性特征

变量	变量定义	人数（人）	占比（%）
愿意尝试新鲜事物	否	182	21.0
	是	684	79.0
渴望成功	否	139	16.1
	是	727	83.9
具有冒险精神	否	271	31.3
	是	595	68.7
善于改变	否	266	30.7
	是	600	69.3

三是消费者购买产品的影响因素。在消费者购买产品时考虑的因素

中,产品价格、质量、服务、个性化消费体验为产品自身特性,购物的便利性、购物环境反映了消费者获得公平贸易产品的便利性和获得公平贸易产品的其他成本,渠道安全性反映了消费者对公平贸易产品的安全的认可度。从调查结果来看,一般情况下,即在不考虑公平贸易产品所具有帮助低收入农户的社会价值的情况下,受访消费者在购买产品考虑因素的重要性排序位居前三位的分别为产品的质量、价格和服务,重要程度分别为56.1%、28%和5.1%(图4-2)。

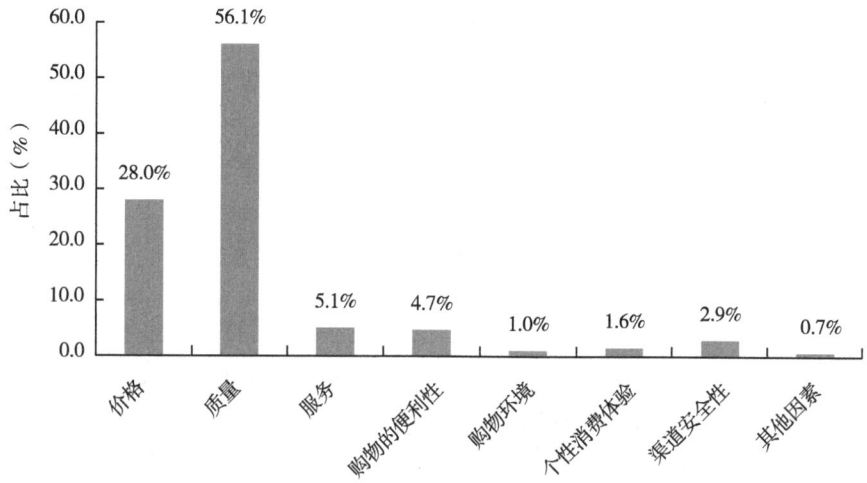

图4-2 受访消费者购买产品时考虑因素的重要性

四是消费者购买公平贸易产品的意愿。Geoff Moore（2004）分别从南部生产者和北部消费者的视角分析了公平贸易运行机制、公平贸易市场特征,自20世纪80年代绿色环保主义倡导以来,道德消费者的范围不断扩大,已经不再是小众群体,已经达到30%的公众认为自己具有道德消费观。从课题组对北京、上海、南京、杭州的消费者调查来看,当受访者被问及"在购买同类同质产品时,您是否愿意为了帮助贫困人口,购买标有他们生产的产品,并支付更高的价格吗？"的时候,表示"可能会购买"的消费者占全部受访消费者的比重为29.4%,表示"多数情况会购买"的消费者占比为10.9%,表示"总是会购买"的消费者占比为5.9%,三者之和占所有受访消费者的比重达到46.2%,超过了30%;表示"不确定"的受访消费者占比为35.3%,也就是说可以通过消费者教育和公平贸易产品宣传等途径增加购买可能性的消费者也超过了30%；只有3.9%和4.3%的消费者表示"完全不会买"和"多数情况不会买"。

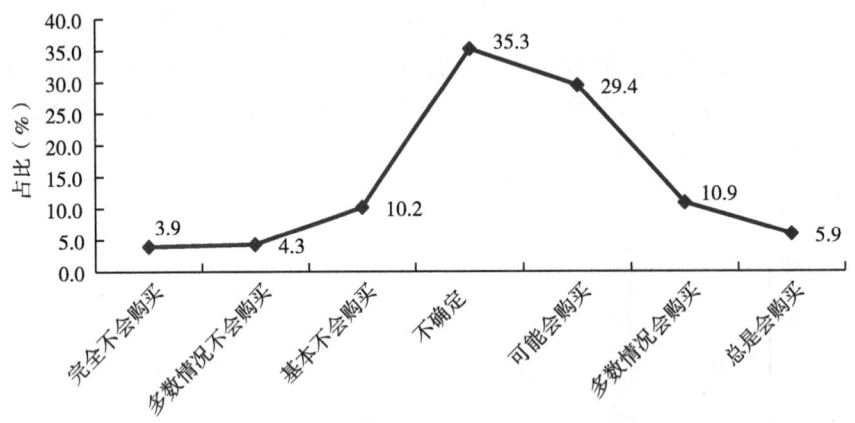

图4-3 受访消费者购买公平贸易产品的意愿

支持公平贸易产品的消费者普遍认为通过购买可以帮助发展中国家农户提高应对市场的能力、改善生态环境等，消费者通过购买公平贸易产品获得更多的效用并为这个效用支付更多的费用（Benzencon et al.，2009）。据调查，58.2%的消费者认为可以接受的公平贸易产品溢价为高出同类同质产品价格的10%~20%，23.6%的受访消费者认为可以接受的公平贸易产品溢价为高出同类同质产品价格的20%~40%，二者总计占受访消费者的81.8%。其余消费者愿意支付更高比例的溢价价格，其中，支付价格超过同类同质产品价格200%以上的占4.5%（图4-4）。

（2）多元Logistics回归分析结果

根据多元Logistics回归模型，对我国4个城市886位消费者购买公平贸易产品的意愿的影响因素进行回归分析，回归模型结果如下。从模型检验情况来看，回归总体拟合优度的-2倍对数似然值为2 408.6，卡方值为133.19，显著性水平为0.007，表明模型的总体拟合程度较好，从Pearson值来看，拟合的显著水平为0.01；自变量和因变量的关联度一般（表4-6）。

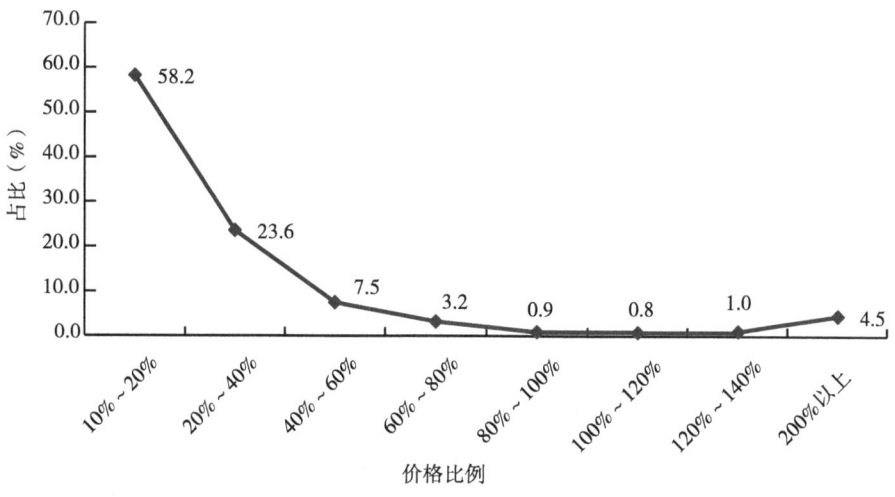

图 4-4　受访消费者愿意为公平贸易产品多支付的价格比例

表 4-6　模型的检验结果

模型整体拟合度			Pearson 检验		伪方差检验	
−2 倍对数似然值	卡方	显著性	卡方	显著性	Cox 和 Snell	Nagelkerke
2 408.6	133.19	0.007	4 183.18	0.01	0.143	0.149

从回归结果来看，相对于完全不会购买公平贸易产品的消费者，回答不确定是否购买公平贸易产品、可能会购买、多数情况会购买和总是会购买四种情况的影响因素不尽相同，但比较一致的是消费者是否购买公平贸易产品与其收入水平、个性特征中是否有冒险精神和渴望成功，以及产品的价格、质量、购物环境、个性消费体验之间不存在显著相关性（表 4-7）。

选择不确定的消费者，主要受到性别、受教育程度、渠道安全性、产品的服务、购物的便利性等方面因素的影响。其中，女性更倾向于不确定是否愿意购买公平贸易产品，受教育程度在本科以上的消费者有可能更倾向于不确定是否购买；公平贸易产品本身的安全性、服务水平和购物的便利程度也是影响消费者购买的主要因素，三者均对消费者的选择具有正向影响。

选择可能会购买的消费者，主要受到性别、受教育程度、个性特征中是否愿意尝试新鲜事物的影响，以及产品渠道安全性、产品的服务、购物的便利性等方面因素的影响。相对于不确定的消费者，可能会购买公平贸易产品的消费者主要受到消费者个性特征的影响，如果消费者愿意体验新鲜事物，那么对该消费者购买公平贸易产品将产生正激励效果。

选择多数情况会购买的消费者，主要受到年龄、受教育程度、个性特征中是否愿意尝试新鲜事物的影响，以及产品渠道安全性、产品的服务、购物的便利性等方面因素的影响。相对选择不确定和可能会购买的消费者，除了受教育程度、个性特征和产品本身的因素影响外，年龄发挥了具有显著性的正向作用，年龄大于35岁的消费者，更倾向于购买公平贸易产品，这可能与随着人年龄的增长，社会责任感增强有一定的关系。

选择总是会购买的消费者，主要受到职业、年龄、受教育程度、个性特征中是否善于改变的影响，以及产品的服务、购物的便利性等方面因素的影响。这与前面三类消费者都不相同，总是会购买公平贸易产品的消费者，职业、年龄、个性特征中是否善于改变对消费者产生了具有显著性的影响，其中职业和是否善于改变与其他三类消费者均不相同，值得关注的是，选择总是会购买公平贸易产品的消费者，购买渠道的安全性对其选择影响不显著，但产品的服务和购物便利性都具有显著性影响（表4-7）。

表4-7 购买公平贸易产品意愿的主要影响因素回归结果

自变量	不确定		可能会购买		多数情况会购买		总是会购买	
	B	显著水平	B	显著水平	B	显著水平	B	显著水平
截距	0.694	0.405	0.325	0.702	−1.202	0.224	−3.449	0.005
职业	0.426	0.285	0.480	0.234	0.134	0.762	1.037**	0.058
年龄	0.364	0.488	0.841	0.110	1.386***	0.013	1.679***	0.005
性别	−0.932***	0.017	−0.800***	0.042	−0.427	0.322	−0.551	0.246
受教育程度	0.800**	0.062	1.031***	0.018	0.805**	0.096	0.857*	0.105
收入水平	−0.064	0.879	−0.445	0.289	0.120	0.801	0.040	0.940
尝试新鲜事物	0.693	0.169	1.003**	0.053	0.861	0.144	0.660	0.333
渴望成功	−0.822	0.192	−0.866	0.176	−0.778	0.270	−0.708	0.383
冒险精神	−0.033	0.947	0.225	0.655	0.340	0.543	0.507	0.425
善于改变	0.119	0.795	0.086	0.854	0.078	0.879	1.068*	0.092

(续表)

自变量	不确定		可能会购买		多数情况会购买		总是会购买	
	B	显著水平	B	显著水平	B	显著水平	B	显著水平
价格	0.116	0.516	0.082	0.652	0.241	0.229	0.165	0.461
质量	0.061	0.835	-0.066	0.822	-0.321	0.332	-0.028	0.940
渠道安全性	1.015***	0.047	0.938**	0.067	1.239***	0.017	0.846	0.126
服务	0.453***	0.008	0.404***	0.019	0.475***	0.013	0.469***	0.028
购物便利性	0.355***	0.047	0.342**	0.059	00.361**	0.074	0.500***	0.025
购物环境	0.129	0.647	0.269	0.334	0.438	0.139	-0.262	0.572
个性消费体验	0.331	0.303	0.330	0.308	0.255	0.487	-0.049	0.922

注：***、**、*分别表示在0.001、0.01、0.05水平上显著。

4.3.4 实证结果

本研究从消费者购买意愿的视角，分析了消费者购买公平贸易产品的主要影响因素，问卷调查和实证分析结果具有较强的现实意义。

第一，消费者对公平贸易产品的购买意愿主要是基于道德消费观念，即消费者对社会弱势农民的同情，这主要体现在，消费者对公平贸易产品的购买意愿与针对普通产品的考虑因素存在较大的差异。从调查结果来看，消费者在考虑一般产品的购买时，主要考虑的是产品质量、价格、服务这些因素，而影响消费者购买公平贸易产品的意愿的模型分析结果显示，影响消费者购买意愿的主要因素与其收入水平、产品质量、价格的相关性并不显著，显著的因素在于购买产品的便利性，以及消费者的年龄、职业等因素。本模型结果进一步印证了Kizchgassner（1992，1996）的研究结论。相对于完全不会购买公平贸易产品的消费者而言，消费者在购买公平贸易产品时，产品获得的便利程度越高，表明道德消费的成本越低，消费者的购买意愿越高。

第二，我国消费者对于道德消费具有较为普遍的支持。调查结果显示，在我国一线和二线城市中，支持和愿意购买公平贸易产品的消费者已经达到46.2%，具有道德消费观念和愿意支持公平贸易产品购买的消费者已不再是我们一般观念中的"小众"消费者。近年来，我们经常看到遇到"谷贱伤农"的情况时，消费者自发组织起来购买滞销的农产品的案例。也就是说，如果消费者对公平贸易理念、公平贸易产品标识有充分的认知和认可，那么消费者会更倾向于支持和购买公平贸易产品。这表明，在我国发展公平贸易的关键环节是进行消费者的公平贸易理念的宣传，扩大公平贸易产品在消费者中的认知度。

第三，本研究的实证结果为公平贸易产品的市场开拓提供了方向指引。本研究显示，性别为女性、年龄在35岁以上、受教育程度本科及以上、有职业的消费者更具有道德消费潜力，更愿意购买公平贸易产品。因此，在公平贸易产品的市场营销中，产品的购买应该更加针对于高端工作社区的消费者人群。在公平贸易产量理念宣传和消费者教育的实践中，可以考虑在校的本科以上的学生、高端工作社区的消费者。

第四，本调查结果为公平贸易产品的市场定价提供一定参考。调查显示，58.2%的受访消费者在购买公平贸易产品时，愿意支付高出一般同类同质产品价格10%~20%的产品；23.6%的受访消费者在购买公平贸易产品时，愿意支付高出一般同类同质产品价格20%~40%的产品，只有4.5%的受访消费者愿意支付2倍于一般同类同质产品价格来购买公平贸易产品，也就是说，4个城市81.8%的受访消费者愿意为其道德消费支付的溢出价格低于一般同类同质产品价格40%的产品。

第 5 章

北京市发展公平贸易促进低收入农户增收的现实需求

5.1 北京市低收入村和低收入农户基本情况

2016年4月下旬至5月,按照北京市农村经济研究中心(简称农研中心)课题组的安排,笔者与北京华泰君安风险咨询公司共同合作,依托区、乡镇、村经管队伍,在全市10个涉农区开展了469个收入较低村的摸底调查。调查方法是依据北京市农研中心"三资"监管平台数据进行调查村抽样,按照"家庭人均可支配收入低于11 160元,且本村低收入农户数量超过涉农家庭户总数的50%"的标准,初步筛选出了504个村,并结合各区、乡镇实际情况,最终确定了10个区86个乡镇的469个抽样调查村,分布情况见表5-1。同时,调查组对10个区14个乡镇28个村进行了深入走访和座谈,具体情况见表5-2。

表5-1 469个收入较低村在各区的分布情况

序号	区名	调查村数(个)	总户数(户)	总人数(人)	低收入户(户)	低收入人口(人)	低收入户/总户数(%)	低收入户人均可支配收入(元)
1	房山区	133	59 430	123 932	25 208	52 822	42	6 503.18
2	密云区	73	25 019	56 491	14 046	33 995	56	9 455.69
3	平谷区	64	21 864	59 637	13 716	40 197	63	7 917.22
4	顺义区	44	15 198	45 958	7 368	18 656	48	9 791.44
5	昌平区	41	11 989	26 321	5 580	13 422	47	9 799.85
6	延庆区	40	8 029	19 438	5 244	13 264	65	9 001.70

(续表)

序号	区名	调查村数（个）	总户数（户）	总人数（人）	低收入户（户）	低收入人口（人）	低收入户/总户数（%）	低收入户人均可支配收入（元）
7	怀柔区	25	4 975	11 152	2 684	5 855	54	7 675.16
8	门头沟区	24	6 038	11 153	3 014	6 026	50	9 351.42
9	大兴区	20	4 761	16 050	2 084	7 237	44	9 573.03
10	通州区	5	1 844	4 188	869	2 108	47	10 514.29
	合计	469	159 147	374 320	79 813	193 582	50	8 958.30

数据来源：2016年4月北京市收入较低村联合抽样调查，由作者整理。

表5-2 抽样调研深入座谈的28个收入较低村名单

区名	镇名	村名
门头沟区	军庄镇	新村
	妙峰山镇	大沟村
怀柔区	雁栖镇	西栅子村
		大地村
房山区	石楼镇	二站村
	韩村河镇	上中院村
		龙门口村
		花港村
	南窖乡	中窖村
		水峪村
通州区	永乐店镇	永乐店三村
		新西庄村
密云区	大城子镇	后甸村
		张泉子村

(续表)

区名	镇名	村名
大兴区	礼贤镇	孙家营村
		柏树庄村
	庞各庄镇	南顿垡村
		西黑垡村
延庆区	康庄镇	西红寺村
		火烧营村
		榆林堡村
昌平区	流村镇	马跑泉村
		老峪沟村
		黄土洼村
顺义区	北石槽镇	东辛庄村
		中滩营村
平谷区	山东庄镇	北寺村
		桃棚村

数据来源：2016年4月北京市收入较低村联合抽样调查，由作者整理。

从调查结果来看，北京市收入相对较低村的基本情况可以概括为以下四个特征。

5.1.1 低收入村五成以上处于远郊和山区

在469个收入较低村中，55%以上地处山区，近30%在平原，15%在浅山区或半山区。具体来看，山区村共261个，占调查村数的55.7%；浅山区或半山区村共68个，占调查村数的14.5%；平原村共140个，占调查村数的29.9%。在469个收入较低村中，近四成村的公交车每日通行5趟以下，多数分布在房山区、密云区和平谷区。

在调查村中，有泥石流危险区有157个村，占调查村数的33.5%，全部在山区或浅山区内，多数集中在房山区、密云区。有搬迁计划的村15个，其中，密云区4个、怀柔区2个、房山区2个、昌平区2个和门头沟区5个。有撤并计划的村1个，为怀柔区汤河口镇大栅子村，其他468个村均未填报撤并计划，但不排除各乡镇目前或未来对此 468 个村有撤并规划。

5.1.2　收入较低村超 60 岁人口超过三成

本次抽样调查的 469 个收入较低村涉及总户数 15.9 万户，人口 37.4 万人。其中，低收入农户数 8.0 万户，占总户数 15.9 万户的比例为 50.3%；低收入人口 19.4 万人，占总人口 37.4 万人的 51.9%（表 5-3）。

表 5-3　北京市抽样调查 469 个收入较低村主要基础数据汇总

抽样调查村数	总户数（户）	总人数（人）	低收入户数（户）	低收入人数（人）	低收入户占比（%）	低收入户人均可支配收入（元）	农民人均所得（元）
469	159 147	374 320	79 813	193 582	50.3%	8 958.30	13 093.47

数据来源：2016 年北京市收入较低村联合抽样调查。

在抽样调查的 19.4 万低收入人口中，年龄在 18 岁以下的约为 2.3 万人，占比为 12%；年龄在 19~40 岁的约为 4.7 万人，占比为 24%；年龄在 41~59 岁的约为 6.3 万人，占比为 33%；年龄在 60 岁以上的近 6 万人，占比为 31%。

5.1.3　低收入农户的组织化程度普遍偏低

从北京市农民专业合作社发展的整体情况来看，北京市农民专业合作社数量和质量都有提高。截至 2017 年 12 月底，全市有农民专业合作社 6 409 家。在 10 个远郊区中，密云、平谷两区最多，分别达到了 1 393 家和 1 236 家。合作社实有成员 21.8 万名，辐射带动农户 14.5 万户。2017 年全市种植业合作社 3 570 家，养殖业合作社 1 383 家，林业合作社 416 家，服务业合作社 526 家。2017 年，全市拥有注册商标的合作社 384 家，开展农村电子商务的合作社 265 家，实施标准化生产的合作社 589 家，同比增加了 112 家，增长了 23.5%；全市合作社拥有各类农产品质量认证达 1 039 个，同比增加 207 个，增长了 24.9%。截至 2017 年，全市共培育创建示范社 621 家，占全市合作社总数的 9.7%，其中国家级示范社 118 家，市级示范社 192 家，区级示范社 429 家。示范社成员总数 74 260 个，社均 120 个；带动社外农户 106 617 个，社均 172 个。示范社在建立健全"三会"制度、规范财务管理、生产基地建设、标准化生产、统一各项服务等方面规范程度高,引领作用显著。

北京市超过80%的合作社为成员提供产加销一体化服务,开展统一的生产资料供应、农机作业、统防统治、技术信息、加工贮藏、产品销售等服务,2017年,合作社为成员统一购买农业生产投入品总值8.54亿元,统一销售农产品总值36.3亿元,占总销售收入的84.6%。

然而,在北京市234个低收入村中,只有16个村拥有农民专业合作社,仅占低收入村总数的6.8%,且这些村农民专业合作社中"僵尸社""空壳社"比较多,带动低收入农户的力量不足,合作社发展不够规范等问题突出。此外,在对469个低收入村的调查中了解到,低收入村普遍集体经济薄弱,大部分低收入村缺乏集体资源、集体产业,导致集体经济组织不能发挥带动低收入农户增收的作用,农户无法从集体经济收入中得到分红收益。

5.1.4 低收入农户的收入选项占比近三成来自政府补贴

469个收入较低村中,村民主要收入来源选项占比位居前4项的为:政府补贴,占比26%;粮食种植一产收入,占比18%;外出务工等劳务输出的工资收入,占比16%;果品种植收入,占比16%。

5.2 北京市低收入村农产品供给侧分析

5.2.1 土地资源情况

土地资源主要指调查村现有的可利用土地资源,包括耕地、果园地、种植养殖水面、可利用建设用地,以及设施农业五类土地资源。根据北京市农研中心2014年开展的北京市农村土地资源清查数据,北京市共有637.1万亩经营农用地,从种植品种看,粮食、蔬菜、果品、林木以及养殖等其他品种比重分别为26.2%、6.1%、17.5%、32.6%、17.6%。从本次抽样调查数据来看,469个样本村共有农用地和建设用地84.5万亩,其中,耕地36.45万亩,果园33.28万亩,种植养殖水面8.07万亩,可利用建设用地6.7万亩。从占比情况来看,耕地占43%,果园用地占39%,种植养殖水面占10%,可利用建设用地占8%(表5-4)。

表 5-4 抽样调查 469 个收入较低村现有土地资源及人均占有量

土地性质	面积（亩）	占比（%）	人均占有面积（亩）	户均占有面积（亩）
耕地	364 548.4	43	0.97	2.29
果园地	332 797.4	39	0.89	2.09
种植养殖水面	80 665.18	10	0.22	0.51
可利用建设用地	67 304.59	8	0.18	0.42
总计	845 315.6	100	2.26	5.31

数据来源：2016 年北京市收入较低村联合抽样调查，由作者整理。

随着北京市农地流转面积的扩大，全市确权地经营也在从一家一户的分散经营走向规模化。然而，小农户仍然是不可忽视的经营主体。根据北京市农经办 2014 年开展的北京市农村土地资源清查数据，北京市共有经营主体 58.4 万个，其中，家庭农户自营农地 299.3 万亩，经营农地面积占总耕地面积的 47%，家庭农户共有 48.3 万户，占全市经营主体总数的 82.6%。可见，北京市小农户仍占全市农业经营主体的 4/5 左右。本次调查范围内的 37.4 万总人口人均占有耕地仅 0.97 亩，户均占有耕地约为 2.29 亩。四项土地资源总亩数的人均占有量为 2.26 亩，户均占有量为 5.31 亩。这一经营规模仅相当于全市农户家庭经营规模的 84%。

5.2.2 水资源情况

山区村水源供应能力较差，部分村子存在水资源短缺问题，因此山区水浇土地、林地灌溉面积小；平原村相较山区或浅山区村水源供应充足，因此水浇土地、林地灌溉面积也相对较大。水浇土地、林地灌溉面积不足 30% 的村占本次 469 个抽样调查村的比例最高，223 个村的灌溉条件较差；其中 83% 为山区村，14% 为浅山及半山区村，3% 为平原村。水浇土地、林地灌溉面积在 80% 以上的村共有 114 个，其中 73% 为平原村，18% 为山区村，9% 为浅山及半山区村。

5.2.3 可流转资产情况

在 469 个收入较低村中，有 200 个村有可流转的资产，占比为 42.6%。可流转的资产分为五大类：农用地及未利用地共 34.9 万亩；林木所有权 13.9 万亩、林木使用权 10.5 万亩、林地使用权 18.3 万亩；实物资产包括房地产、机械设备、机动车、其他运输工具 4 类;涉农股权 1 个村 875 股;涉农知识产权 1 个。

5.2.4 农副产品资源情况

从调查村情况来看,房山区、密云区、大兴区、延庆区以粮食种植为主,其次为果树种植,以及少量蔬菜及花卉种植;平谷区果树种植较多,其次是粮食种植,果树种植村数高于粮食种植村数的 23%;昌平区、门头沟区以及怀柔区以果树种植为主,其次为少量的粮食、蔬菜及花卉种植;顺义区以粮食种植为主,其次为蔬菜种植,顺义区适合种植蔬菜的村数在 10 个区中仅次于房山区;通州区的粮食、果树、蔬菜以及花卉的四类作物种植比例均等。

在 469 个调查村中,103 个村有干鲜果品资源(如樱桃、黑枸杞、东北大榛子、大桃等),17 个村有蔬菜种植资源(如有机蔬菜、蘑菇等),124 个村有禽畜养殖资源(如蜂蜜、杜泊绵羊、柴鸡、奶牛等),28 个村有特色种植资源(如药材、食用百合、玫瑰花等)。

本次抽样调查统计 469 个收入较低村中,共有 17 个村有蔬菜种植资源(如有机蔬菜、蘑菇等),10 个区中延庆区有蔬菜种植资源的抽样调查村最多,共 5 个村。有蔬菜种植资源的收入较低村分布在 6 个区中:延庆区(5 个)、昌平区(4 个)、平谷区(3 个)、房山区(3 个)、怀柔区(1 个)、门头沟区(1 个)。

本次抽样调查统计 469 个收入较低村中,共 124 个村有禽畜养殖资源(如养蜂、杜泊绵羊、柴鸡、奶牛等),10 个区中房山区有禽畜养殖资源的抽样调查村最多,共 43 个村。有禽畜养殖资源的收入较低村分布在 10 个区中:房山区(43 个)、密云区(18 个)、平谷区(13 个)、顺义区(13 个)、延庆区(13 个)、昌平区(11 个)、门头沟区(5 个)、通州区(4 个)、怀柔区(2 个)、大兴区(2 个)。

在 469 个收入较低村中,共 28 个村有特色种植资源,其中种植药材的收入较低村共 7 个(如黄芩、三七等),种植其他特色资源的村共 21 个(如食用百合、玫瑰花、大棚香椿、小杂粮、油葵等)。有特色种植资源的收入较低村分布在 6 个区内:平谷区(7 个)、房山区(6 个)、延庆区(3 个)、顺义区(2 个)、昌平区(2 个)、怀柔区(1 个)。

5.2.5 特色旅游资源情况

本次抽样调查统计469个收入较低村中，旅游资源主要包括自然风景、农业观光旅游、历史民俗文化资源和旅游及配套服务资源四类，下文将分别统计各类有旅游资源的收入较低村及其资源内容（部分村存在有以上多项资源的情况）。在469个调查村中，有特色旅游资源的村共190个，占比40.5%。其中，有旅游景观资源的村共69个，占比36%；有遗址资源的村共51个，占比27%。

（1）自然风景

本次抽样调查469个收入较低村，共60个村有自然风景资源（如沟峪开发、特色旅游、温泉等），分布在8个区内：房山区（18个）、平谷区（11个）、昌平区（8个）、门头沟区（6个）、密云区（6个）、怀柔区（5个）、延庆区（4个）、顺义区（2个）。

（2）农业观光旅游

本次抽样调查统计469个收入较低村中，共20个村有农业观光旅游资源（如垂钓园、观光旅游、采摘园等），分布在7个区内：平谷区（5个）、房山区（4个）、顺义区（3个）、昌平区（3个）、延庆区（2个）、通州区（2个）、门头沟区（1个）。

（3）历史民俗文化资源

历史民俗文化资源是一个区域长久历史积累中留存的独特文化或物质，如手工艺品、特色建筑群、非物质文化遗产、古迹遗址以及红色旅游资源等。

本次抽样调查统计469个收入较低村中，共20个收入较低村有民俗或历史资源（如榆林古驿站修缮、星级民俗村、冀东抗日根据地旧址等），分布在9个区内：密云区（6个）、房山区（5个）、门头沟区（3个）、顺义区（1个）、延庆区（1个）、平谷区（1个）、怀柔区（1个）、大兴区（1个）、昌平区（1个）。

（4）旅游及相关服务资源

本次抽样调查统计469个收入较低村中，共19个村有旅游及相关服务资源（如民族旅游村、古城开发、民俗接待等），分布在7个区内：密云区（7个）、房山区（5个）、顺义区（2个）、延庆区（2个）、门头沟区（1个）、大兴区（1个）、昌平区（1个）。

5.3　北京市低收入村农产品流通渠道建设需求情况

5.3.1　北京市农产品流通现状

农产品市场流通体系是连接供给与消费的关键环节，是农业市场体系的重要组成部分。一般而言，农产品市场流通体系包括产地运销体系、消费地流通体系、零售市场体系。改革开放以来，北京市农产品流通体系中消费地批发市场最先建立起来，零售市场体系和产地运销体系先后发展，总体来看产地运销体系发展最为滞后。从发展的阶段性来看，北京市农产品流通体系建设经历了恢复集市贸易为主的初期阶段、批发市场形成并快速发展的阶段、新型零售市场发育阶段、京津冀协同发展与"互联网+"的新阶段。

（1）以恢复集市贸易为主的阶段（1978—1984年）

1978年党的十一届三中全会肯定了集贸市场的地位和作用，提出了社员自留地、家庭副业和集市贸易是社会主义经济的必要补充。自此，京郊各类型的城乡集贸市场不断涌现。1978年底，海淀、朝阳、丰台等近郊区已经自发形成了几处农民进城集中交易的农贸市场。1979年3月，北京市在朝阳、海淀、丰台、石景山正式开放了10个正规集贸市场。到1979年底，北京市已经恢复和新建集贸市场93个，其中近郊区34个、远郊区59个，年成交额达到1 755万元。1983年底，北京市城乡集贸市场达到139个。1985年10月，北京市政府决定放开蔬菜、肉、禽、蛋、水产品价格，实行议购议销。随后又决定，对各地运销农产品进京的车辆放行，允许农民在非重点街道设点或走街串巷出售蔬菜；同时要求国营公司建立批发市场，开展市场购销、调节供求、平抑物价。这些改革措施进一步促进了集贸市场的进一步发展。1985年底，北京市城乡集贸市场总数达到590个（张文茂，2009）。

（2）消费地大型批发市场形成并快速成为农产品流通主渠道（1985—1999年）

1985年以后，北京市农产品批发市场快速发展，1985年北京海淀区大钟寺农贸批发市场正式开业，这是北京市农民办的第一个农产品批发市场。1986年丰台区卢沟桥乡岳各庄村办的农贸批发市场建立。1992年，中国农垦（集团）总公司、北京市水产总公司投资，联合丰台区卢沟桥乡岳各庄农工商公司，在原岳各庄农贸批发市场基础上，共同兴办了北京市华垦岳各庄批发市场。这是当时北京市规模最大、档次最高的集交易、贮运、商务为一体的大型综合性批发市场，1988年丰台区花乡新发地农工商联合总公司创办了新发地农产品批发市场，1995年该市场的批发交易额达到6亿元，成为北京市大型农产品批发市场之一。此阶段，北京市供销社充分利用多年形成的经营设施和地理区位优势，兴办了一个果品批发市场，分别为北京市供销社第一农副产品交易市场、四道口批发市场、朝阳区团结湖朝门批发市场、花乡路批发市场、永定门外果品批发市场、南苑批发市场。北京市二商局（后改组为北京工商贸总公司）在原清真食品公司场地上建起北京清真肉食批发市场；北京市工商行政管理局和北京市禽蛋公司联合开办了北京禽蛋批发交易市场；北京市二商局开办了北京干菜调味品中心；北京市水产总公司开办了水产品批发市场。1992年，北京市粮食局开办了东郊粮食批发市场、玉泉路粮油批发市场。

　　随着北京农业产业化进程发展，郊区陆续发展起了产地批发市场，如平谷区后北宫大桃批发市场，每年从6月下旬起开始交易到10月底结束，年批发交易量达到5 000万千克，形成了一批专业大桃批发代理商。1994年建立起来的延庆县（现延庆区）小丰营出口蔬菜批发市场，带动周边乡村，形成近千公顷的出口蔬菜种植区，业务辐射到京郊房山、通县（现通州）、河北崇礼、赤城、张北及内蒙古等地（张文茂，2009）。农产品批发市场在农产品流通中发挥着越来越重要的地位，20世纪90年代，北京市农产品市场流通领域初步形成了以消费地批发市场为中心的多层次市场体系，在城市近郊区形成了具有相当规模的消费地批发市场和一些邻近城郊区的集散市场。北京市大钟寺、岳各庄、新发地、左安门、水碓五个蔬菜集散中心，批发市场发挥了集散功能，外埠20多个省600多个县市的蔬菜进入首都市场，也解决了本地蔬菜卖难问题（张强，1997）。产地运销体系仍以分散生产、分散销售为主，京郊10万户蔬菜农户的蔬菜销售方式主要有自行运销、商贩地头收购、乡村集体经济组织帮助联络或组织共同运销，个别建立了固定零售门市，其中第一种方式占60%~80%。农民自行运销又分为直接销售给消费者，在不同市场上向贩运商出售，在消费地批发市场出售，地摊销售。然而，此阶段北京市农产品市场体系尚未成熟，还面临着三方面的问题：一是批发市场仅具备集散功能，价格调节、服务和培育供应组织和零售组织发育等功能还比较薄弱，产地集散市场和零售市场发育相对滞后，导致批发环节建设快、两头发育滞后的矛盾。二是市场主体仍为分散、孤立、无组织状态的小型经营者，具有规模的共同运销组织和连锁式流通企业还没有发育起来。三是市场的宏观调控体系尚不完善，流通参与主体多元，且没有对市场和对产销进行统一管理的政府机构，市场运行体制机制尚不规范，缺乏准确反映市场信号的决策信息系统和决策辅助系统，难以制度化地掌握产销的准确情况。

（3）新型零售流通业态快速发展阶段（2000—2015年）

截至2000年底，北京市经营农产品的市场共有410家，其中以批发经营为主的有52家、零售为主的有358家，年交易量约为762万吨。北京市农产品六大批发市场占据了全市蔬菜批发量的90%，作为华北地区和北京市最大的国营果品主营市场——四道口果品批发市场年成交额达到2亿多元。此阶段超市进入北京市农产品流通框架体系（图5-1），然而，农产品流通体系仍存在一些亟待解决的问题。一是仍以传统模式为主，流通规模小、渠道杂乱；二是市场机制未能理顺，批发和零售功能在空间上混为一体，导致人流、物流混杂和环境污染；三是市场用地与城市功能发生矛盾，很多市场属于临时占地，设施简陋；四是市场管理环节薄弱，缺乏对农产品卫生、防疫和安全等有效监控（新华社，2002）。

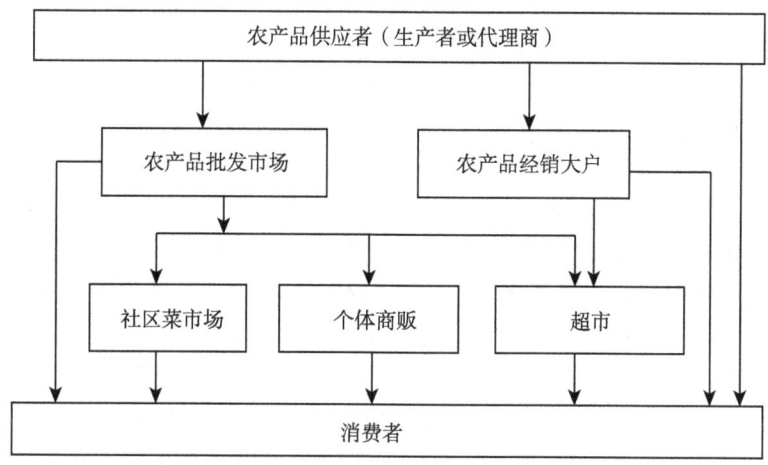

图5-1　2000年北京市农产品流通框架体系

（资料来源：《北京市农产品流通体系发展规划（2002—2008年）》，http：//scjss.mofcom.gov.cn/aarticle/Nocategory/200402/20040200179229.html）

自 2004 年开始，北京市积极发展农产品现代物流、连锁经营、电子商务等新型业态和流通方式，并加快重点大中型农产品批发市场的改制和改造，支持农产品检验、储存、加工等方面的基础设施建设。针对不同性质的农产品加工和需求，北京市要求"大型的农产品龙头企业可以与现代流通企业对接，成为大宗农副产品的供应商，加快发展农产品配送经营"（范明，2013）。《北京市农产品流通体系发展规划（2002—2008年）》提出生鲜超市是今后北京市农产品流通渠道中的主要零售环节。超市农产品配送有两种方式，一种是超市拥有自己的生鲜配送中心，超市配送中心从企业、农产品物流配送中心、农民协会组织、批发市场采购生鲜农产品，进行加工后配送到各分店。另一种是农产品供应商直接供应。农产品供应商一般由农产品生产企业、物流配送企业、农民协会组织承担。随着农产品流通业态的变化，农产品经销主体也发生了换位。分散的农民已经不再是北京农产品贸易市场的供给主体和营销主体。在农产品供给中，农产品经销商、物流配送企业、农产品生产基地、农产品生产企业、农民专业合作社成为北京市农产品供给的主体。在市场上，个体工商户成为农产品批发和零售的主体。除菜农外，农民自产自销农产品贸易方式已经不存在，农民合作社、农产品生产、加工、物流配送企业已经初具规模。2010 年，北京市农产品流通体系快速发展，初步形成了以新发地农副产品批发市场、岳各庄、锦绣大地、大洋路、通州区八里桥、昌平区水屯、昌平区回龙观、顺义区石门和中央批发市场等九大农产品批发市场为主力，各区农贸市场为支撑，多种零售业态为网络终端，外地供应和本地生产相结合，农产品物流中心建设规模不断扩大的农产品流通格局（赵黎明 等，2010）。以农产品经销公司、农产品物流配送中心以及生鲜超市为代表的新兴农产品流通方式，推动了有机和绿色农产品的生产，超市、连锁店等新型零售业态以其标准化服务、专有的品牌及干净舒适的购物环境，吸引了广大消费者，已经成为农产品零售业态的主导。与之相应的是，消费地农产品批发市场逐步从近郊区退出了，2000—2004 年，北京市农产品市场数量减少了 13.66%，其中，近郊区农产品市场数量减少了 17.65%，远郊区农产品市场数量增加了 25.23%；2004—2006 年，北京市农产品市场数量和成交额均有所增加，2007—2014 年，北京市农产品批发市场数量持续减少、成交额持续增加（图 5-2）。

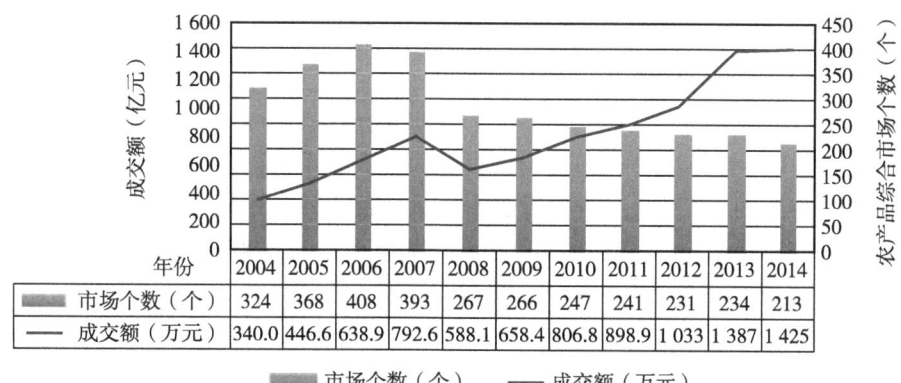

图 5-2　2004—2014 年北京市综合农产品市场发展情况
（数据来源：《北京市农村统计年鉴（2005—2015 年）》，由作者整理）

（4）京津冀协同发展与"互联网+"的新型流通体系转型发展阶段（2015 年至今）

2015 年以来，在京津冀协同发展与疏解非首都核心功能的政策背景下，北京农产品流通体系也发生了较大调整。2015 年，京津冀共同签署了《推进现代农业协同发展的框架协议》，2016 年，《京津冀现代农业协同发展规划（2016—2020 年）》《京津冀农产品流通体系创新行动方案》《北京市落实京津冀农产品流通体系创新行动工作方案》先后印发，2017 年 3 月《环首都 1 小时鲜活农产品流通圈规划（2016—2020 年）》（以下简称《规划》）印发，对北京市农产品流通体系转型升级产生了深远影响。当前，北京市农产品流通体系发生了如下三个变化。

一是北京农产品流通体系被纳入京津冀协同发展新格局之中，北京市农产品流通格局发生了较大改变。首先，北京农产品销地批发市场进一步转型升级，大型农产品批发市场逐步退出近郊区，从九个大型批发市场转变为以新发地农产品批发市场和北京鲜活农产品流通中心为主的"双核"格局。其次，农产品零售渠道更加发达、便利性更加突出、环境和治理水平明显改善。大量中小型社区型农贸菜市场逐渐退出或升级，农产品综合市场从 2014 年的 213 个减少到 2018 年的 180 个（图 5-3），减少了 33 个，取而代之的是超市、社区便民菜店等零售业态。根据《北京市"十三五"时期商业服务业发展规划》（京商务综字〔2016〕5 号）数据，截至 2015 年北京市蔬菜零售网点累计达 2 400 余个，基本实现便利店（超市）、蔬菜零售等 8 项基本便民服务在城市社区全覆盖，累计建成城市物流末端配送网点 260 余个，智能快件箱 200 多组。截至 2018 年 12 月底，全市"一刻钟社区服务圈"示范点建设累计达到 1 580 个，覆盖率达到 92%。最后，随着农产品电商大量兴起，农产品线上销售日益成为农产品批发、零售的重要渠道，进一步突破了农产品供求的地域限制。根据北京市农业农村局数据，2019 年北京市农产品电商达到 4 000 余家，具有一定规模且具备营运能力的电商企业约为 650 家。

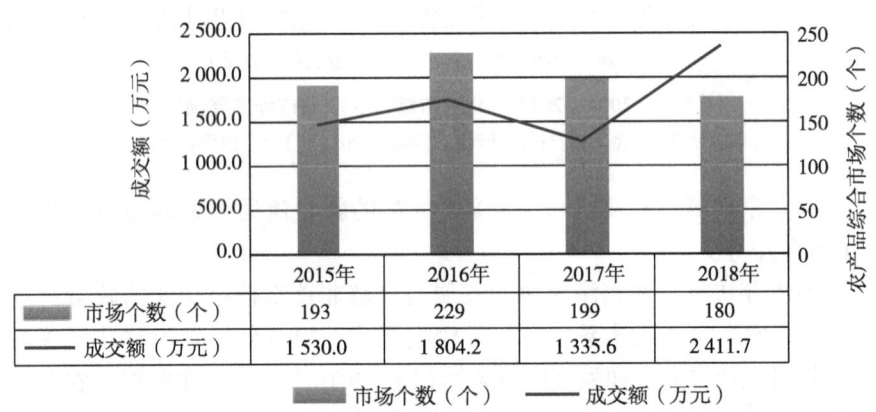

图 5-3 2015—2018 年北京市综合农产品市场发展情况
（数据来源：《北京市农村统计年鉴（2016—2019 年）》，由作者整理）

二是北京市农产品销地流通体系逐步升级。首先，随着农民组织化程度的提升，新型农业经营主体进入农产品电商、微商、网红直播等新渠道。2019 年，全市农民专业合作社达到 7 032 家，带动非成员农户 12.5 万户，其中产加销一体化的合作社 5 728 家，以运销服务为主的专业合作社 47 家。据北京市农研中心 2016 年的相关调查，截至 2015 年 10 月底，受访的近 200 家农场及合作社中 80% 以上的农场通过电商渠道销售农产品。根据北京市农业农村局数据，2019 年北京市本地农产品线上销售量达到 6.5 万吨，占本地农产品产量的 3%。其次，随着农业生产的规模化、标准化、设施农业、观光休闲与民俗旅游业的发展，推动了订单农业、在地采摘等比例日益提升，京郊农产品依靠地头商贩进入市场的比重在逐步降低，地头与餐桌的距离进一步拉近，农民从流通渠道中获得收益不断提升。北京市统计局、国家统计局北京调查总队发布数据显示，2019年，北京市948个观光园实现收入23.2亿元，收入主要来源于采摘收入、出售农产品收入和餐饮收入，分别占比26.1%、22.7%和16.9%。根据北京市农研中心和北京观光休闲农业行业协会对2019年全市10个区20家休闲农业企业国庆节期间经营情况调查，首农集团三元农场、小毛驴市民农园、弗莱农庄在2019年国庆假日期间共接待游客560人次，总收入3.78万元，农产品销售占总收入的74%。

三是新型农产品销售渠道快速发展。在消费者需求多元化、个性化、高端化的推动下，社区支持农业（CSA）、消费者联盟等新型农产品销售模式显示出了旺盛的生命力，推动了社区团购、社社对接、高端会员制、订单宅配等多形式的优质安全农产品直达消费者的新流通渠道悄然而生。比较有代表性的有分享收获农场、小毛驴市民农园、沱沱工社等，这些新兴农产品供销模式的主要特点有三个。第一，这些新兴的农产品销售渠道体现了新时代消费者与生产者之间合作共赢、相互依存的紧密关系。第二，体现了消费者需求对农业经营主体的生产行为的引导力。第三，农产品销售服务针对消费者需求更加精准，农产品价格中包含的服务附加值不断提升，呈现出服务手段的现代化、服务供给的多元化、个性化，农产品销售中优质服务逐渐成为细分市场的竞争优势。

5.3.2 北京市低收入村农产品流通渠道建设的需求情况

北京市低收入村农产品销售渠道陈旧单一，优质农产品卖个地摊价，农产品滞销的案例屡见不鲜。从469个收入较低村的摸底调查数据来看，35%的低收入村的主要收入来源于农业收入，60%的低收入村有特色农产品，而近90%的低收入村农产品缺乏稳定的销售渠道，且主要是面向低端市场。

对北京市各低收入村的资源禀赋和帮扶需求进行了梳理发现[1]，在234个低收入村中，有131个低收入村有特色的农产品资源且主要的帮扶需求是希望帮助建设农产品流通渠道，占低收入村的56%。低收入村特色农产品主要有蔬菜、花卉、草莓、葡萄、樱桃、香椿、中草药、苹果、板栗、杏、核桃等。其中，具有一定规模的特色产品有苹果、板栗、核

---

[1] 资料来源：2016年北京市农委、北京市农研中心《北京市低收入村情况介绍》。

桃、杏，涉及低收入村 95 个，涉及低收入农户 11 072 户、23 662 人，苹果的种植规模约为 5 929 亩，板栗的种植规模为 38 109 亩，核桃的种植规模为 22 948 亩，杏的种植规模为 23 620 亩，四类产品的种植规模共计 90 606 亩（表5-5）。

表5-5 北京市有销售渠道建设需求的低收入村部分特色农产品的分布及规模

特色农产品	涉及区（个）	低收入村（个）	低收入户（户）	低收入人口（人）	种植规模（亩）
苹果	3	15	1 485	2 903	5 929
板栗	3	31	4 454	9 893	38 109
核桃	6	24	2 642	5 753	22 948
杏	5	25	2 491	5 113	23 620
合计		95	11 072	23 662	90 606

数据来源：低收入村户调查数据，由作者整理，下同。

具体来看，有销售渠道建设需求的低收入村中，种植苹果的有 14 个，分布在门头沟区雁翅镇、清水镇，密云区新城子村镇和太师屯镇，延庆区香营乡、张山营镇、永宁镇。14 个村共涉及低收入农户 1 485 户、低收入人口 2 903 人，苹果种植规模总计 5 929 亩，其中规模较大的是门头沟区清水镇燕家台村和密云区太师屯镇后八家村，苹果种植规模分别为 1 000 亩和 1 080 亩，达到 500 亩以上种植规模的还有密云区新城子村镇大角峪村、延庆区张山营镇佛峪口村和门头沟区雁翅镇青白口村，苹果种植规模分别达到 800 亩、550 亩和 500 亩（表5-6）。

表5-6 北京市有销售渠道建设需求的低收入村的苹果分布及规模

序号	区	乡镇	村名	低收入人口（人）	低收入户（户）	种植规模（亩）	年产量（吨）
1	门头沟区	雁翅镇	下马岭	119	68	173	100
2	门头沟区	雁翅镇	太子墓	156	94	489	75
3	门头沟区	雁翅镇	青白口村	159	93	500	500
4	门头沟区	雁翅镇	河南台村	110	61	190	—
5	门头沟区	雁翅镇	付家台村	264	132	422	40
6	门头沟区	清水镇	燕家台村	277	150	1 000	15
7	密云区	新城子镇	小口村	116	62	150	—

(续表)

序号	区	乡镇	村名	低收入人口（人）	低收入户（户）	种植规模（亩）	年产量（吨）
8	密云区	新城子镇	大角峪村	481	244	800	—
9	密云区	太师屯镇	后八家庄	283	130	1 080	—
10	延庆区	香营乡	屈家窑村	73	31	260	75
11	延庆区	香营乡	黑峪口村	75	38	130	18
12	延庆区	张山营镇	佛峪口村	131	64	550	500
13	延庆区	永宁镇	西山沟村	142	61	50	—
14	延庆区	张山营镇	小河屯村	517	257	135	—
		合计		2 903	1 485	5 929	—

有销售渠道建设需求的低收入村中，种植板栗的有31个，分布在怀柔区长哨营满族乡、琉璃庙镇、九渡河镇、渤海镇，密云区大城子镇、不老屯镇、石城镇，延庆区四海镇、大庄科乡和珍珠泉乡。31个村共涉及低收入农户4 454户、低收入人口9 893人，板栗种植规模总计38 109亩，其中规模达到或超过1 000亩的有18个村，种植规模居前三位的村分别为密云区大城子镇的聂家峪村、南沟村，怀柔区渤海镇四渡河村，板栗种植规模分别为6 000亩、4 500亩和3 000亩（表5-7）。

表5-7　北京市有销售渠道建设需求的低收入村的板栗分布及规模

序号	区	乡镇	村名	低收入人口（人）	低收入户（户）	面积（亩）	年产量（吨）
1	怀柔区	长哨营满族乡	东辛店村	189	81	270	—
2	怀柔区	琉璃庙镇	龙泉峪村	129	69	215	—
3	怀柔区	琉璃庙镇	河北村	87	36	330	15
4	怀柔区	琉璃庙镇	八亩地村	134	74	1 000	—
5	怀柔区	九渡河镇	局里村	404	161	1 400	70
6	怀柔区	九渡河镇	黄花成村	495	176	1 500	150
7	怀柔区	九渡河镇	东宫村	242	119	1 000	60
8	怀柔区	渤海镇	铁矿峪村	120	59	1 200	10
9	怀柔区	渤海镇	四渡河村	158	90	3 000	250

(续表)

序号	区	乡镇	村名	低收入人口（人）	低收入户（户）	面积（亩）	年产量（吨）
10	密云区	大城子镇	聂家峪村	492	262	6 000	300
11	密云区	大城子镇	南沟村	618	259	4 500	150
12	密云区	大城子镇	北沟村	448	169	2 000	200
13	密云区	大城子镇	梯子峪村	126	51	1 300	—
14	密云区	大城子镇	墙子路村	442	200	800	—
15	密云区	大城子镇	碰河寺村	248	115	380	150
16	密云区	不老屯镇	燕落村	1 865	855	800	—
17	密云区	不老屯镇	董各庄村	275	82	1 412	—
18	密云区	不老屯镇	车道岭村	168	70	172	10
19	密云区	不老屯镇	北香峪村	203	80	2 025	80
20	密云区	不老屯镇	白土沟村	331	136	2 000	160
21	密云区	新城子镇	苏家峪村	148	78	65	6
22	密云区	石城镇	西白莲峪村	260	114	200	20
23	延庆区	四海镇	永安堡村	171	81	300	10
24	延庆区	四海镇	郭家湾村	141	64	200	10
25	延庆区	大庄科乡	董家沟村	103	47	400	60
26	延庆区	大庄科乡	汉家川河北村	91	39	1 500	100
27	延庆区	大庄科乡	里长沟村	134	64	2 000	125
28	密云区	大城子镇	张庄子村	530	279	230	10
29	延庆区	珍珠泉乡	小铺村	49	30	100	10
30	密云区	大城子镇	苍术会村	951	450	1 500	25
31	延庆区	四海镇	前山村	141	64	310	5
		合计		9 893	4 454	38 109	—

有销售渠道建设需求的低收入村中，种植核桃的有24个，分布在门头沟区雁翅镇和清水镇，房山区霞云岭乡、蒲洼乡、大安山乡和张坊镇，昌平区十三陵镇、怀柔区雁西镇和渤海镇，密云区大城子镇和延庆区大庄科乡。31个村共涉及低收入农户2 642户、低收入人口5 753人，核桃种

植规模总计 22 948 亩，其中规模达到或超过 1 000 亩的有 6 个村，500~1 000 亩的有 7 个村。核桃种植规模居前三位的村分别为密云区大城子镇的苍术会村、大龙门村，方耳峪村，核桃种植规模分别为 6 000 亩、3 000 亩和 3 000 亩（表 5-8）。

表 5-8 北京市有销售渠道建设需求的低收入村的核桃分布及规模

序号	区	乡镇	村名	低收入人口（人）	低收入户（户）	面积（亩）	年产量（吨）
1	门头沟区	雁翅镇	房良村	100	55	570	200
2	门头沟区	雁翅镇	大村	323	161	1 000	—
3	门头沟区	清水镇	张家庄	212	104	200	10
4	房山区	霞云岭乡	王家台村	330	157	530	—
5	房山区	霞云岭乡	上石堡村	224	104	500	20
6	房山区	霞云岭乡	三流水村	150	67	698	30
7	房山区	蒲洼乡	鱼斗泉村	131	60	180	3
8	房山区	蒲洼乡	森水村	76	41	250	3
9	房山区	蒲洼乡	芦子水村	352	182	800	5
10	房山区	蒲洼乡	富合村	57	30	90	1.5
11	房山区	大安山乡	西苑村	329	145	1 000	98.7
12	昌平区	十三陵镇	长陵村	368	95	2 500	350
13	怀柔区	雁西镇	北湾村	159	82	200	20
14	密云区	大城子镇	方耳峪村	234	90	3 000	—
15	密云区	大城子镇	大龙门村	139	63	3 000	450
16	房山区	张坊镇	瓦沟村	297	145	650	2
17	怀柔区	渤海镇	铁矿峪村	120	59	860	—
18	密云区	大城子镇	苍术会村	951	450	6 000	40
19	密云区	不老屯镇	董各庄村	275	82	350	134
20	密云区	新城子村	苏家峪村	148	78	30	12
21	延庆区	大庄科乡	黄土梁村	71	31	80	3

(续表)

序号	区	乡镇	村名	低收入人口（人）	低收入户（户）	面积（亩）	年产量（吨）
22	密云区	大城子镇	张庄子村	530	279	200	—
23	延庆区	大庄科乡	东太平庄村	74	35	200	10
24	延庆区	大庄科乡	董家沟村	103	47	60	4
			合计	5 753	2 642	22 948	—

有销售渠道建设需求的低收入村中，种植杏树的有25个，分布在门头沟区清水镇、雁翅镇，房山区蒲洼乡，昌平区南口镇，怀柔区宝山镇、琉璃庙镇，延庆区珍珠泉乡、永宁镇、刘斌堡乡、大庄科乡和张山营镇。25个村共涉及低收入农户2 491户、低收入人口5 113人，杏树种植规模总计23 620亩。其中规模达到或超过1 000亩的有6个村，500~1 000亩的有7个村，杏树种植规模居前三位的村分别为延庆区珍珠泉乡庙梁村、小铺村、大庄科乡汉家川河北村，杏树种植规模分别为8 000亩、3 000亩和1 500亩（表5-9）。

表5-9　北京市有销售渠道建设需求的低收入村的杏分布及规模

序号	区	乡镇	村名	低收入人口（人）	低收入户（户）	面积（亩）
1	门头沟区	雁翅镇	高台村	81	31	90
2	门头沟区	清水镇	上清水村	379	207	1 362
3	门头沟区	清水镇	下清水村	337	181	487
4	门头沟区	清水镇	齐家庄村	384	192	820
5	门头沟区	清水镇	龙王村	67	33	275
6	门头沟区	清水镇	梁家铺村	165	94	551
7	房山区	蒲洼乡	鱼斗泉村	131	60	180
8	房山区	蒲洼乡	芦子水村	352	182	800
9	昌平区	南口镇	前桃洼村	462	197	1 100
10	怀柔区	宝山镇	下栅子村	112	55	200
11	怀柔区	宝山镇	西帽山村	201	84	390

(续表)

序号	区	乡镇	村名	低收入人口（人）	低收入户（户）	面积（亩）
12	延庆区	珍珠泉乡	上水沟村	124	54	150
13	延庆区	珍珠泉乡	小铺村	49	30	3 000
14	延庆区	珍珠泉乡	水泉子村	149	67	450
15	延庆区	永宁镇	西山沟村	142	61	100
16	延庆区	刘斌堡乡	山东沟村	151	62	700
17	延庆区	大庄科乡	东太平庄村	74	35	1 000
18	延庆区	张山营镇	小河屯村	517	257	565
19	延庆区	张山营镇	苏庄村	155	69	600
20	门头沟区	雁翅镇	房良村	100	55	250
21	门头沟区	雁翅镇	大村	323	166	600
22	门头沟区	清水镇	梁家庄村	165	94	300
23	怀柔区	琉璃庙镇	河北村	87	36	150
24	延庆区	珍珠泉乡	庙梁村	315	150	8 000
25	延庆区	大庄科乡	汉家川河北村	91	39	1 500
		合计		5 113	2 491	23 620

注：由于各村提供的年产量数据不齐全较多，因此没有统计。

5.4 北京市低收入村产业发展面临的问题及原因

按照 2016 年北京市"家庭人均可支配收入低于 11 160 元，且本村低收入农户数量超过涉农家庭户总数的 50%"的标准，北京市政府对全市低收入农户进行了重新识别认定，共认定了低收入农户 72 632 户、156 173 人，约占全市农户总数的 7%；低收入村 234 个，约占全市行政村总数的 6%。低收入村受地理位置、资源禀赋、人力资本、生态保护等制约，约 83% 的低收入农户、95% 的低收入村集中在山区或半山区。其中，房山、怀柔、密云、延庆是低收入农户帮扶的重点区，4 个区低收入农户数占全部低收入农户数的比重达到 72.4%、低收入村数占全市低收入村数的 66.7%。

低收入产生的原因是"一多五缺",即多病残、缺人力、缺资金、缺技术、缺渠道、缺政策。因病和因残是低收入农户产生的主要原因,两者占比达到63%;在190个填报村中,基础设施薄弱的低收入村有77个,占40.5%;缺乏资金的低收入村有51个,占26.8%;农业技术、品牌、销售等产业链管理滞后的低收入村有34个,占17.9%;人力资本短缺的低收入村有19个,占10%。

在现行条件下,制约京郊低收入村产业发展的主要因素是小农户与大市场的矛盾仍然没有解决。当前北京市农产品销售渠道陈旧单一,优质农产品卖不出好价格,农产品滞销的案例屡见不鲜。低收入村"有资源缺要素、有产品缺渠道"的特征尤为突出:56%的低收入村有特色农产品但缺乏销售渠道,从低收入村特色农产品的种类来看,主要为苹果、板栗、核桃和杏,涉及95个低收入村,1.1万名低收入农户,23 662名低收入人口,占全市低收入农户的13%,总规模9.1万亩。此外,还有柿子、红果、梨、中草药材、花卉、奇异果、香椿、手工艺品等特色农产品。从帮扶需求来看,有131个村提出了需要对本村特色农产品市场销售支持,占比达到56%。2016年全市469个收入较低村资源情况摸底调查显示,35%的低收入村主要收入来源于农业收入,60%的低收入村有特色农产品,而近90%的低收入村农产品缺乏稳定的销售渠道,且主要是面向低端市场。因此,北京市要实现低收入村产业帮扶目标,在加大政策推动的基础上,需要探讨在低收入村发展上规模、上档次的流通服务组织引领低收入村特色产业发展,实现造血式扶贫的路径。

小农户与大市场难以对接的原因有四点。一是低收入村农产品规模小、分布散的特性无法满足大型渠道商的规模化、高效率、低成本的要求。二是低收入村缺乏现代职业经理人,多数低收入村集体经济和农民专业合作社都较弱。三是低收入村农产品信息渠道分散,产销信息不对称且缺乏整合。四是农产品销售渠道陈旧,469个收入较低村的调查显示,大部分低收入村的优质特色农产品未与北京高端市场对接,多数农产品仍向低端市场销售,大部分农产品都是通过商贩收购或由农户个体零散售卖等,此类传统销售方式不仅效益较低,农产品还可能遭受外地同类型的产品冲击,面临滞销的风险,导致价格低廉或销售囤积,使农户利益受损。

第6章

北京市发展公平贸易促进低收入农户增收的实践与经验

6.1 北京市发展公平贸易促进低收入农户增收试点的背景

低收入农户增收是北京市决胜全面建成小康社会和实现社会主义现代化的重中之重。到2020年实现现行标准下低收入村全部摘帽是北京市委、市政府的郑重承诺。产业帮扶是北京市实现低收入村的造血式"脱低"的重要举措。公平贸易通过市场的方式给予低收入农户帮助,以"造血"代替"输血",让农民享有农业全产业链的价值分配,是促进农民收入增长新机制。2016年笔者开始探索建立公平贸易平台,推动合作社带动低收入农户进入大市场的帮扶机制。

公平贸易作为北京市发展公平贸易促进农户增收的一个重要途径进行试点有四方面特点。第一,公平贸易是为减贫而建立的一种市场机制。公平贸易坚持"贸易而非救济"的方式给予低收入群体帮助,使生产者及其市场组织改善其管理技巧及发掘市场的能力,引导低收入地区建立主导产业,让农民享有农业全产业链的价值分配,建立促进农民收入增长的长效机制。第二,公平贸易原则充分体现了绿色发展和共享发展的理念。公平贸易连接了生产和消费两端,通过发达地区的消费者带动贫困地区的生产者的方式,为低收入农户创造更加公平的贸易机会;低收入农户要为消费者提供安全的产品,包括限制农药、化肥的使用,生产有机、绿色的安全农产品等。第三,公平贸易是提高政府精准扶贫效率的重要途径。公平贸易是一个更加开放的扶贫方式,有利于发挥财政的杠杆作用,吸引更多的社会力量参与扶贫。同时,公平贸易可以借助信息化手段,针对目标低收入农户开展与公平贸易配套的精准扶贫措施。第四,公平贸易是质量兴农的重要途径。公平贸易对农产品从生产到消费进行全产业链的标准化管理，这不但有利于促进农民专业合作社规范化发展，而且有利于提高农产品质量，为消费者提供安全优质的产品，推动农业供给侧结构性改革，保障农产品质量安全。

北京市具备发展公平贸易帮扶低收入农户的优越条件。一是北京市居民的收入水平、消费习惯为公平贸易扶贫提供了基础条件。2017年，北京市人均GDP达到2万美元，超过世界银行认定的发达国家水平。随着收入的增加，居民的消费观念也在不断转变。消费者对安全、绿色、有机的农产品的需求意愿和购买能力都在增强。二是市民对公益慈善事业观念和热衷程度在不断提升，为发展公平贸易扶贫提供了良好的社会文化氛围。根据笔者2016年开展的消费者调查数据，有80%以上的受访者表示愿意为帮助贫困地区生产者支付更高的价格。三是农民专业合作组织建设为开展公平贸易扶贫提供了有效的组织保障。北京市形成了全市农民合作组织体系构架，包括市级的北京市农民专业合作社联合会，22家区级合作社联合组织，拥有7 000多家农民专业合作社、34万名合作社成员，其中，国家及市级示范社200余家，是发展公平贸易的重要组织力量。

6.2　试点工作的目标与任务

6.2.1　试点工作目标

按照北京市委、市政府促进低收入农户增收的相关文件精神，坚持以"更加注重转变发展方式，更加注重增强帮扶对象自我发展能力"为指导思想，以低收入村发展农民合作促进低收入农户增收试点为抓手，建立公平贸易农业增收机制，探索建立北京市农民专业合作社公平贸易农产品稳定、畅通的销售渠道；充分发挥门头沟等远郊区生态环境和自然资源优势，带动纳入试点的农民专业合作社所在的低收入地区大力发展特色农产品产业体系，提升绿色、有机农产品生产能力，推进农业生产经营专业化、品牌化、组织化，探索以发展农民专业合作社的公平贸易农产品销售渠道来促进低收入农户增收的新途径。按照公平贸易的原则，探索运用市场的机制，调动更广泛的社会力量参与扶贫，促进低收入农户自我能力的构建，使北京市低收入群体能通过公平贸易发挥其能力，维持体面和有尊严的生活。

6.2.2　2016年试点工作任务

试点工作的任务是通过开展当地优质特色农产品公平贸易，带动低收入村发展主导特色山区产业，促进低收入村、低收入农户增收。具体工作任务如下。

（1）精准识别扶贫对象，构建产品目录

开展低收入村调研。明确具有产业发展潜力，以及具有劳动能力的低收入农户作为发展公平贸易扶持的对象。

初步建立北京发展公平贸易农产品识别规范，形成公平贸易产品准入机制。研究建立北京市公平贸易农产品标准体系和认证体系。组织相关专家，研究制定公平贸易产品准入的相关流程和认定标准。

由门头沟区农委、经管站主要负责，北京市农经办（农研中心）指导，构建试点低收入村公平贸易产品体系建设。分为三个层面：一是低收入村特色优质农产品进行收集、包装、产品升级等。重点以蜂蜜、香椿等特色农副产品作为主要交易品种。二是低收入村优质旅游资源整合，典型的民宿、民俗旅游品牌等。三是挖掘低收入村能工巧匠，手工艺品。

（2）打造平台

打造平台是发展公平贸易促进低收入农户增收试点工作的核心任务。该平台将消费者、生产者等相关主体整合在一起。公平贸易增收平台是一个连接消费者端与生产者端的联盟。消费者端可以包括实体零售商（超市、商场等）、网店、消费者组织、农产品社区直营店等。生产者端主要是生产者组织，由生产者组织将一家一户的低收入农户联合起来。生产者组织主要是农民专业合作社、农民专业合作社联合社等。公平贸易扶贫平台是这些主体的联盟，将这些主体整合在一起，推动公平贸易的理念，实现通过消费支持促进低收入农户增收。这个平台是一个联盟，也是一个公益性社会组织。平台建设的具体任务如下。

一是成立一个公益性社会企业，并聘请职业经理人代理联盟负责发展公平贸易促进低收入农户增收的日常运作。

二是全面升级"京合农品"网络平台，搭建公平贸易产品网络展销平台。①拓展品牌内核。将公平贸易发展理念植入"社社对接"安全农产品直供服务中，以"京合农品"网络平台为依托，打造更具有公益性的消费—生产合作联盟。②提升信息化水平。运用"互联网+"、大数据、云计算等先进技术，构建销售网络信息体系、消费者数据管理体系、产品信息档案管理体系、生产者信用管理体系，政府支持监管体系。③完善交易结算系统。④完善城乡互动等相关模块。⑤平台其他方面的升级。

三是开发和拓展公平贸易产品实体展销平台。①探讨通过社区支持农业等多样化的农产品流通渠道，拓展产销直对的公平贸易产品供应渠道。②开拓农民专业合作社、商超、直营店等实体零售平台加入。

四是平台运作资金保障。平台尽可能保持微利下的自我运行。资金来源主要有：①各个主体以会员的方式加入联盟，每年缴纳一定的会员费，还可以增收股金。②启动资金由试点工作提供一部分。③运作过程中向接受服务的双方收取较低的服务费用，以保持公益社会企业的运转。

(3) 品牌建设

一是进一步凝练公平贸易、社社对接的发展理念，形成品牌的核心价值体系，产生新的品牌名称。

二是委托专业公司设计北京公平贸易农产品认证标签（Logo），用于公平贸易农产品的统一标识。

三是加大品牌宣传和国际公平贸易理念推介。通过首都之窗、北京农经网、北京农联网、"京合农品"网、北京电视台、微博、微信等方式向公众发布北京市公平贸易农产品标签，并广泛推介国际公平贸易理念。局部推介可借助"社社对接"消费合作联盟机制，针对"社社对接"项目中的12家消费合作社，3 000位会员开展公平贸易农产品营销推广活动，扩大消费者对公平贸易产品的认知度。

四是由北京市农民专业合作社联合会和门头沟区农民专业合作社联合会负责对试点的公平贸易农产品认证培训工作。由北京市农民专业合作社联合会统一开展公平贸易农产品的生产者与产品的"双认证"和产品贴标工作。

6.2.3 2017年试点工作任务

2017年试点工作任务有8项内容。一是进一步完善低收入村特色农产品目录和对应专业合作社目录。二是建立和完善京合公平贸易平台的产品标准和贸易标准。三是建立公平贸易联盟，搭建认证平台，对合作社和渠道商进行公平贸易标准认证。四是推介京合公平贸易整体品牌，以及公平贸易促进低收入农户增收的发展理念。五是推进公平贸易产品进入使馆社区等高端社区、进入实体店。六是推动公平贸易产品进入京东等网络销售平台。七是推动"互联网+"公平贸易的信息化平台建设。八是推动农民专业合作社加入国际公平贸易组织。

6.3 试点对象的选取

6.3.1 2016年试点对象主要集中在门头沟区

2016年，北京市农村经济研究中心启动开展"北京市发展公平贸易促进低收入农户增收试点"。北京市农村经济研究中心在门头沟区开展农村信贷试点取得了很好成效，形成了良好的合作基础，据调研，2016年门头沟区有农民5万人，其中，按照2016年北京市低收入农户的确定标准，有1.5万人处于收入相对较低群体，涉及59个村的8 088户农户。门头沟区农产品具有品质高、产量低、规模小的特点，但是，门头沟区农产品走高端市场仍面临渠道不畅的问题。因此，2016年试点工作组首选在门头沟区继续创新开展公平贸易促进低收入农户增收试点工作。

结合试点工作目标，试点工作组设定了试点单位准入的三个原则：一是试点合作社所在村应符合北京市低收入村（农户）的标准；二是试点合作社具有可新增带动低收入农户的能力；三是要注重试点的可推广复制性，尽量选择不受发展空间、资源约束过强的产品。参照以上三个原则，由门头沟区农村工作委员会相关负责人推荐了门头沟区北京太子墓村苹果种植专业合作社、北京市妙峰山中慧苑手工布艺合作社、北京布韵传奇手工编织专业合作社、北京绿纯金蜜蜂养殖专业合作社、北京法城蜜蜂养殖专业合作社等5个典型合作社和北京康依家商业连锁有限公司1家公司。试点工作组对6个试点单位做了进一步的调研后，确定了北京布韵传奇手工编织专业合作社、北京绿纯金蜜蜂养殖专业合作社、北京法城蜜蜂养殖专业合作社3家合作社和北京康依家商业连锁有限公司为试点单位。

北京布韵传奇手工编织专业合作社位于北京市门头沟区清水镇下清水村，该合作社成立于2013年，主要经营手工编织、手工刺绣、丝绫堆绣、手工串珠等手工艺品的研发、制作和培训。截至2015年底，合作社有社员122户，带动低收入农户83户。

北京绿纯金蜜蜂养殖专业合作社位于北京市门头沟区妙峰山镇黄台

村，该合作社成立于2002年，采用"养蜂农户+蜂业经济合作组织+龙头企业"，带动跨镇域、跨区域的养蜂农户建立长期的股份制加契约型的经济组织形式，由合作社协调组织自愿入社的养蜂户与龙头企业签订长期蜂产品购销合同，向养蜂户提供养蜂生产过程中产前、产中、产后的技术服务、销售服务、信息服务，按照国家标准和企业标准统一组织蜂农进行养蜂生产，达到提高蜂产品品质、提高养蜂生产附加值、提高蜂农收入。截至2015年底，该合作社有社员115户，其中低收入农户50户。

北京法城蜜蜂养殖专业合作社位于北京市门头沟区斋堂镇法城村，该合作社成立于2007年，主要经营养蜂业，全年产蜜40吨。该合作社通过了"有机食品""绿色食品"认证，取得了"食品流通许可证"，先后被评为"区级先进合作社""全国蜂农专业合作社示范社""北京市蜂业生产先进单位""北京市市级示范社"以及"绿色无公害生产基地"。面临的主要问题是产品销售渠道单一，工作人员老龄化突出。截至2015年底，该合作社有社员116户，其中低收入农户60户。

北京康依家商业连锁有限公司成立于2014年8月，旗下有34家社区便民菜站。2015年，该公司承担了门头沟区优质农产品营销推广的工作任务，根据门头沟区农产品的小、散、特、优的特点，制订了集乡村旅游、采摘、基地体验、菜站时令销售等多途径的全年销售计划，并在门头沟区苹果卖难时候，公司主动承担帮助低收入农户销售苹果4万余斤（1斤=0.5千克）。

6.3.2 2017年试点对象扩展到怀柔区和密云区

2017年，试点工作组通过2016年的试点工作实施情况，决定进一步扩大试点范围，将试点工作从门头沟区转向京郊其他低收入村较多，向特色农产品突出的山区扩展，增加了北京京纯蜜蜂养殖专业合作社和怀柔区的北京聚源德老栗树板栗专业合作社。在试点过程中，由于北京法城蜜蜂养殖专业合作社缺乏足够的工作人员，北京绿纯金蜜蜂养殖专业合作社的产品销售渠道自成体系，产品缺乏外向型动力，因此终止了这2家合作社的试点单位资格。

北京京纯蜜蜂养殖专业合作社成立于2004年，位于首都重要饮用水源基地密云水库东南岸——白龙潭风景区，是以生产收购加工蜂蜜、为蜂农提供生产资料和养蜂专业技术培训、帮助蜂农解决生产技术问题、提供市场信息、蜂产品开发、蜂文化旅游观光、货物进出口、代理进出口为主营业务的国家级农民专业合作社。已形成"合作社+公司+基地+农户"的运作模式，合作社拥有加工车间和养殖基地253 460平方米，拥有固定资产3 150万元，销售额5 400多万元，目前合作社蜜蜂存栏6万群，成员达到600户，成员涉及密云县14个乡镇102个自然村，并辐射带动河北承德、秦皇岛、张家口、天津等地农户200余户。

北京聚源德老栗树板栗专业合作社位于北京市怀柔区渤海镇渤海所村，成立于2008年，社员110户，合作社社员的种植面积为5 000亩左右，产量2 000吨。每年收购和销售板栗1 500吨，实现销售收入1 200万元，利润80万元。合作社有自己的板栗加工厂，也是怀柔区唯一的板栗加工厂，年加工处理板栗的能力达到2 000吨。占地1.8万平方米，现有固定资产1 500万元，包括板栗生产车间3 700平方米，保鲜库和冷藏库1 600平方米（表6-1）。

表6-1 北京市发展公平贸易促进低收入农户增收试点单位

年份	试点单位名称	所在区	所在村	主营产品	带动低收入农户数（户）
2016	北京布韵传奇手工编织专业合作社	门头沟区	下清水村	手工布艺产品	83
2016	北京绿纯金蜜蜂养殖专业合作社	门头沟区	黄台村	蜂蜜	50
2016	北京法城蜜蜂养殖专业合作社	门头沟区	法城村	蜂蜜	60
2016	北京康依家商业连锁有限公司	门头沟区	—	农产品销售	
2017	北京布韵传奇手工编织专业合作社	门头沟区	下清水村	手工布艺产品	83
2017	北京康依家商业连锁有限公司	门头沟区	—	农产品销售	
2017	北京京纯蜜蜂养殖专业合作社	密云区			
2017	北京聚源德老栗树板栗专业合作社	怀柔区			

6.4 试点工作主要做法

2016年以来，北京市农村经济研究中心调研综合处与北京市农民专业合作社联合会合作，共同开展了"北京市发展公平贸易促进低收入农户增收试点工作"①，具体由调研综合处副研究员王丽红、北京市农研中心农民专业合作社指导处副处长、北京市农民专业合作社联合会秘书长魏杰负责项目执行。试点工作组以北京市农民专业合作社联合会为主体，按照公平贸易原则，以门头沟、密云、怀柔、房山、通州等地8家农民专业合作社为试点，联合北京市符合条件的合作社、商超、互联网公司等多元社会主体，通过传理念、搭平台、定标准、拓市场、促提升等工作，探索了以市场机制帮扶低收入农户持续增收的新路径。

6.4.1 传播国际公平贸易新理念

尽管公平贸易在全球已经有70多年的实践，但是公平贸易在我国仍然是新鲜事物，公平贸易标签运动在北京市的发展滞后于上海市，表现在消费者对公平贸易的基本理念、基本原则、运行方式等都非常陌生，对公平贸易标签产品没有深入的了解，生产者特别是低收入农户对公平贸易更是缺乏认知。公平贸易产品在北京市仅限于咖啡、红酒等几类产品。因此，加强公平贸易理念的传播，开展消费者教育和生产者引导对试点工作的顺利开展至关重要。为加强对消费者的教育，试点工作组通过论坛、交流会、专刊、公平贸易产品进社区等多种渠道开展了公平贸易理念宣传工作。2016年和2017年的试点工作开展期间，共组织开展了11次公平贸易的公开课，通过公平贸易宣讲日、公平贸易走进农研智库大讲堂、首都之窗、京台科技论坛农业合作论坛、上海广电中心等活动，将公平贸易理念传播到中心、郊区、农民合作社和广大消费者，宣传范围逐步扩大；编印了《公平贸易50问》和《京合公平贸易季刊》，并在首都之窗开展了《有情怀的消费——你不知道的公平贸易》，在北京时间和首都之窗同步直播，点击率达到11.6万人次。

---

① 笔者负责试点工作的执行，包括试点工作方案的制订、试点单位的确定与协调，试点工作方案的具体落实。

(1) 举办专业交流会,深化认知度

一方面自建平台,先后召开了认证渠道商交流会、京港沪公平贸易交流会、认证合作社培训会,在联盟发起大会上还开展了国际层面的交流宣传,执笔编写了《公平贸易50问》,并在北京农联大会、各类活动上分发宣传。这些专门的公平贸易交流活动,提升了试点工作组、参与试点的合作社、渠道商以及中心研究人员对公平贸易基本原理、公平贸易原则、小农户合作社标准、渠道商认证标准、返款等方面的认知和理解。另一方面借助农研智库大讲堂、京台科技论坛农业合作论坛,为北京市农研中心的全体党员干部、全市三级农村经管干部、村干部、农民专业合作社介绍公平贸易理念。

(2) 开展消费者宣传活动,扩大认知面

一是以产品为媒介开展宣传。在北京农联公益市集上,邀请公平贸易渠道商到社区活动中展卖公平贸易产品,在京台科技论坛上设立公平贸易产品展示区,在门头沟区的生活社区设立实体展示店、展示栏,让公平贸易产品走进消费者的生活。二是借助公共媒体开展宣传,在京合公平贸易联盟发起、北京农联公益市集等活动中,邀请北京电视台、农民日报、北京日报、京郊日报、新华网、千龙网等进行报道,并得到腾讯视频、凤凰网视频的转载,网络点击率超过1万次。2017年8月28日试点工作组做客"首都之窗"节目宣讲公平贸易理念和北京实践,这一栏目在首都之窗、北京时间同步直播,点击率达到11.6万次。2017年11月底试点工作组走进上海广电中心"公平贸易分享会",笔者有幸作为嘉宾向上海市媒体介绍公平贸易精准扶贫和北京市发展公平贸易促进低收入农户增收试点工作。三是参加学术交流活动,宣讲公平贸易理论,2017年4月笔者在第二届全国生态农业与农村可持续发展高端论坛发表了《公平贸易助力精准扶贫》的主旨发言。2018年12月,试点工作组接受农民日报专访,试点工作组成员魏杰副处长、试点单位北京老栗树农民专业合作社、国际公平贸易亚太地区高级顾问赵钧博士等接受采访。

(3) 走进基层宣讲,扩大参与度

一是为了帮助下清水村的北京布韵传奇手工编织专业合作社提升产品质量、拓展市场,根据合作社存在的产品低端、市场销路狭窄等问题,试点工作组利用各方资源,帮他们找艺术家、找市场、出主意、送温暖,并且在大集上帮助他们卖产品、收货款。二是走进京农集团、北京农业投资有限公司、北京康依家商业连锁有限公司开展公平贸易座谈交流,宣讲公平贸易理念，并谋求合作。三是为推动北京农业投资有限公司与北京聚源德老栗树板栗种植专业合作社、怀柔区渤海镇四渡河村合作，也多次与北京农业投资有限公司、国际公平贸易亚太地区高级顾问一同下乡调研沟通，与试点合作社、低收入村建立了很好的合作与信任关系。

6.4.2 帮助低收入村合作社和相关渠道商开展国际公平贸易认证

2016 年试点工作组对国际公平贸易相关标准和运行机制进行了全面的了解，并在试点的农民专业合作社基础上，深度走访了合作社和低收入农户相对集中的密云区、怀柔区合作社，逐步确定了进一步试点的产品为手工艺品、板栗和蜂蜜。在此基础上，2017 年试点工作组开始帮助试点合作社和渠道商加入国际公平贸易组织，推动部分试点合作社参与国际公平贸易市场。试点工作组聘请北京绿色农业咨询有限公司和菲翠（北京）贸易有限公司的技术人员，协助北京布韵传奇手工编织专业合作社、北京聚源德老栗树板栗种植专业合作社、北京京纯蜜蜂养殖专业合作社进行公平贸易小生产者组织认证，帮助北京康依家商业连锁有限公司进行公平贸易商认证。其中，公平贸易小生产者组织产品包括手工品、板栗、蜂蜜。现对生产者合作社和渠道商开展公平贸易的情况进行回顾。

（1）梳理了公平贸易小生产者组织认证中需要提交的材料清单

根据公平贸易小生产者组织标准中关于"成为小生产者"的相关认证要求，系统梳理了公平贸易小生产者组织认证需要提交的相关资料，具体包括内容如下。

成员名称，包括成员姓名、耕地面积（总面积、公平贸易生产面积）或树木数量（咖啡）、公平贸易产品的产量、位置等

成员登记册，包括成员入社日期、支付入社费（如适用）、年费（如适用）、社员持有股份数量（如适用）

执照

章程或内部规定

社员大会会议记录

理事会会议记录

监事会报告（如适用）

年度报告

经审计的账簿

公平贸易返款账户记录

公平贸易付款工作计划包括预算

公平贸易返款使用情况的年度报告（单独的报告或组织报告的一部分）

返款使用记录（招标通知、发票、收据等）——用于证明返款使用

返款委员会会议记录（如适用）

公平贸易销售、非公平贸易销售记录（标明销售、出口、国内市场）

与公平贸易购买方的合同

向社员付款的记录

有机证明（如适用）

负责环境计划人员的工作大纲，以及证明该人员有负责环境计划的资质的证明

覆盖第一个认证周期要求的所有方面的环境计划

农药清单

逐步淘汰计划、采取的措施的记录，以及对措施的跟踪记录（如适用）

有水土流失风险的土地

组织雇用工人的信息：出生日期、状态（长期、临时、季节性）及工作种类

对工人付款的记录（包括加班费）

给工人的付款单样本（组织内每种工人）

工人合同的样本（组织内每种工人）

CBA（如适用）

工会代表的会议记录（如适用）

工人的会议记录、工人和管理层之间的会议记录

交易文件，说明公平贸易、非公平贸易产品的销售

配额系统（如适用）

内部控制委员会的文件

（2）明确首次公平贸易认证的过程

首次公平贸易认证的过程大致可以分为5个阶段：①作出认证决定；②正式提出申请；③现场审计；④现场审计后的跟踪；⑤收到正式认证结果（通过/未能通过）。

第一阶段：作出认证决定

这一阶段是生产者组织（即合作社）的管理层开始了解公平贸易的理念与实践的阶段，在这一阶段，要对生产者组织进行大量辅导，帮助他们真正理解公平贸易支持的对象、如何支持、对其支持对象（即生产者组织）有哪些要求（即标准），并且帮助他们分析公平贸易为其产品可能带来哪些好处（例如，认证费、最低价格的具体规定、返款比例、治理改善等）。当了解了这些信息以后，经过权衡，如认为公平贸易可以为合作社带来可观的市场机会，合作社管理层继而向社员宣讲与公平贸易有关的内容，征询社员的意见，当大多数社员同意加入公平贸易后，合作社即可按照其章程中规定的程序作出加入/不加入公平贸易的决定。

第二阶段：正式提出申请

公平贸易认证是由一个独立机构FLOCERT进行的，需要向其提交公平贸易认证申请并支付认证费用。

提出申请分为两步：第一步是网上申请；第二步是提交申请材料。

网上申请。在网上申请时，要登录FLOCERT网站，直接在线填写申请表格，此时只需要提供合作社的基本信息，如名称、地址、联系人、产品等。FLOCERT收到这些信息后会根据具体情况发邮件提出一些问题，在收到回复，认为申请的合作社符合条件后，FLOCERT会给合作社生成一个申请编号，然后正式发出邮件接受合作社的认证申请，并要求合作社提供规定的文件完成申请过程。

要特别注意的一点是，在收到申请编号后，在所有与FLOCERT的交流中，必须注明该编号。

提交申请材料。收到上述邮件后，合作社就要开始准备申请材料，所有申请材料必须使用英文。材料包括：合作社的营业执照、最新的章程、社员名单（包括地址、生产面积、认证面积、产量、雇工数量等详细信息）、生产者问卷、与FLOCERT的认证合同。将所有文件准备好翻译成英文，在上面签字盖章后，正式提交给FLOCERT审查。在这些文件（英文版）中，只要可能，一定注明申请编号（如生产者问卷、社员名册）。

FLOCERT收到提交的文件后，可能会根据需要要求合作社提供补充信息——通常是在邮件里说明，而不是要求额外的补充文件。当FLOCERT认为合作社提交的材料符合要求后（一般需要2~3周），会生成一个正式编号给合作社，从此以后，在所有与认证有关的文件中都要使用这个正式编号。同时，FLOCERT在合同上签字盖章后，会连同认证费、申请费发票一起发给合作社，发票有效期为1个月，如无意外，合作社应于1个月内向FLOCERT支付费用。在银行汇款后，合作社需将汇款凭证提交给FLOCERT，以便后者向银行确认到款。FLOCERT确认收到汇款后，即会开始与合作社沟通安排现场审计的时间。从收到汇款到现场认证，一般需要至少1个月的时间。

在这段等待时间内，合作社管理层必须认真研究公平贸易标准，进行自查，以确认自己能够达到最低的认证要求。此时的辅导重点是公平贸易标准，在合作社自查的基础上，辅导机构要按标准一条一条地检查合作社是否达到要求，在此期间，辅导机构与合作社认证负责人要密切合作，互相配合。

另外，合作社还需对社员进行公平贸易培训宣传，让社员了解公平贸易及公平贸易认证，获得社员的支持。

第三阶段：现场审计

在现场审计日期确定以后，FLOCERT会通知合作社现场审计的具体流程、需要提供的文件等注意事项。现场审计一般需要2天。首先审计员向合作社介绍公平贸易以及公平贸易认证，由合作社向审计员介绍合作社的具体情况，使审计员对合作社的基本情况有所了解。然后，审计员开始按照文件清单检查合作社提供的文件是否符合要求。这些文件一般是最近一年的文件，如理事会会议记录、社员大会记录等。文件无须翻译成英文，但是，在现场要向审计员解释文件中的内容，例如社员大会何时召开、多少社员参会、讨论了哪些事项、作出了哪些决定、表决情况如何、是否签字等。值得注意的是，审计员并不是简单地检查这些文件内容，他/她会根据合作社制定的规章一条一条检查，例如，有谁在大会记录上签字，是否所有规章中规定的人员都在上面签字，提前多久通知将要召开大会等——换言之，审计员要检查合作社自己制定的规章规则，是否真正执行了——这也是公平贸易的标准之一、首次认证的重点之一。

检查完文件后，审计员会按照社员数量，随机选出一定比例的社员要求去看他们的地块，同时，还选出20%左右的社员，要求合作社组织这些社员一起座谈。在此期间，审计员一方面要了解合作社的生产情况、与社员交易情况，还要了解社员参与合作社的情况，比如了解合作社的决定、运作、参与决策制定等，作为座谈的一个重要内容，审计员还要了解社员对公平贸易的了解程度、态度、期望等。

下一个环节是审计员根据文件、社员面谈情况确定是否还需要检查其他文件，然后与合作社人员一起开会总结整个现场审计中的发现，指出是否存在不符点，如果存在，其类别如何，对拿到正式的认证书有何影响。在首次认证中，如果发现的不符点仅是没有达到核心标准的要求（而不是强制标准），在规定期限内（4个月内）采取行动改正并提交相关证据后，如FLOCERT认为改正可以接受，则会签发正式的认证书，否则，合作社将无法通过认证。在此次认证过程中，发现的一个普遍存在的核心不符点是银行印鉴签字人的数量。合作社一般只需法人签名即可，但是公平贸易为了达到制衡的效果，要求合作社必须有至少两个签名人。另外一个就是合作社没有严格执行自己制定的规章，例如会议记录的签名人只有理事长，但是规章中规定要理事长和一位理事签名。

在总结完后，审计员会现场打印一份审计记录，并向合作社解释记录内容，合作社盖章签字，双方各持一份。现场审计结束。

第四阶段：现场审计后的跟踪

现场审计完成后，大约在2周以后，审计员会通知正式的合作社现场审计结果，如果不符点仅是关于核心标准的，FLOCERT会签发一份交易许可，自签发之日以后，合作社可以开始销售当年生产的产品——作为公平贸易产品，但是必须按照公平贸易的条件（如价格），向公平贸易销售商销售产品。同时，自交易许可签发之日起，合作社有4个月的时间开展行动改正不符点、提交证据（ECERT网）。

第五阶段：收到正式认证结果

在合作社提交证据以后，FLOCERT将作出最终的认证决定，签发/拒绝签发认证证书。如果收到认证证书，合作社将正式成为公平贸易生产者。

（3）协助合作社和渠道商进行认证的主要工作

试点工作组协调相关技术人员对参与国际公平贸易认证的合作社开展公平贸易认证工作，并取得了较好的成效。

一是对标准的细致讲解，梳理了认证中需要提交的材料清单，帮助合作社负责认证的人员对照标准准备相关认证资料。2017年1月10日，邀请国际公平贸易亚太组织驻中国代表为试点合作社讲解了国际公平贸易小生产者标准和认证过程以及需要提交的材料等。

二是对相关认证材料的翻译，以及与国际公平贸易组织进行沟通，提交认证申请。这项工作从 2017 年 1 月中旬开始，由试点工作组聘请的专业技术人员和合作社的相关负责人共同完成。

三是对通过初审的合作社进行走访和实地培训。为了使通过初审的合作社能够顺利通过下一步的审计巡查，组织专业人员到合作社进行实地现场培训，对照公平贸易标准和合作社的特性问题进行逐条指导，做好充分的准备工作。

四是协助合作社接待国际公平贸易组织相关审计人员的实地检查。国际公平贸易组织审计人员到认证合作社进行现场巡查，试点工作组专业人员陪同翻译，各合作社按照要求提供了相关材料、现场农户访谈等工作。

五是督促合作社根据国际公平贸易组织人员提出的质疑和整改需求，进行相关整改。

六是推动国际公平贸易组织研究制定了板栗国际公平贸易认证标准。由于提交的板栗小生产者认证，在国际公平贸易组织的认证标准中尚无该项产品的认证标准，因此国际公平贸易组织参照北京聚源德老栗树板栗种植专业合作社的板栗生产和贸易情况研究制定了国际公平贸易板栗的小生产者组织认证标准。

（4）2 家试点合作社和 1 家渠道商顺利通过了公平贸易认证

2017 年底，北京聚源德老栗树板栗种植专业合作社、北京京纯蜜蜂养殖专业合作社和康依家商业连锁有限公司均已顺利通过了公平贸易生产者认证和公平贸易渠道商认证。

6.4.3　按照公平贸易原则推动试点合作社产品的市场推广

通过公益市集、进社区、进实体店等方式帮助试点合作社开拓产品销售渠道。

一是依托北京农联 24 公益集市进社区。2016 年 9 月开始，试点工作组以北京农联 24 公益集市优质农产品进社区活动为平台，通过多种方式的宣传，推广低收入村农民专业合作社产品、宣传公平贸易理念。大集活动取得了明显的效果。2017 年北京农联 24 公益集市共开展了 9 次，平均每场参加的合作有 31 家，平均每家日销售额为 2 700 元，平均每场活动的总销售额在 8.6 万元，参加的社区居民平均为 900 人，人均消费为 30~170 元。北京农联 24 公益集市设有公平贸易专区，其中手工编织品的双日销售额在 4 000~5 000 元，板栗的双日销售额在 2 000~3 000 元，蜂蜜的双日销售额在 1 000 元左右（表 6-2）。

表 6-2　2017 年试点单位走进北京农联 24 公益集市情况

序号	时间	合作社（个）	双日销售额（元）	日平均销售额（元）	现场人数（人）	地点	人均消费额（元）
1	1月	38	92 000	2 421	550	卡尔生活馆	167
2	3月	41	87 000	2 122	600	卡尔生活馆	145
3	4月	36	125 000	3 472	1 200	金地格林小镇	104
4	5月	23	73 940	3 215	920	金地格林小镇	80
5	6月	35	124 000	3 543	1 200	卡尔生活馆	103
6	7月	40	124 320	3 108	1 200	金地格林小镇	104
7	8月	30	67 200	2 240	900	卡尔生活馆	75
8	9月	21	60 324	2 873	900	金地格林小镇	67
9	11月	16	20 480	1 280	600	卡尔生活馆	34
	平均值	31	86 029	2 697	897	—	98

注：数据来源于北京农联 24 公益集市工作记录，由作者整理。

二是依托渠道商开展的特色农产品推广进社区。北京康依家商业连锁有限公司是门头沟区农委指定的门头沟区特色农产品推广商，2017 年组织门头沟区名优特产品进社区活动 600 余场。试点工作组结合该公司开展的门头沟区优质农产品进社区活动，邀请北京布韵传奇手工编织专业合作社参与进社区活动，取得了很好的效果。

三是依托城乡互动推动试点合作社走进工作社区。试点工作组与北京市农研中心工会合作，在中心开展了"公益三八品味生活"主题活动，邀请北京市发展公平贸易促进低收入农户增收试点合作社——北京布韵传奇手工编织专业合作社的理事长王慧芳，以及合作社巧娘张克芬、李玉荣、孟庆荣教大家学习趣味钩织技术。介绍了她们带动低收入农户增收的事迹。这项活动后，北京市农学院等单位工会也纷纷邀请她们到其工作社区介绍经验，传授剪纸、绣花等手工艺技术，并为该合作社带来了绣花靠垫的订单，这一项为该合作社低收入农户户均增收 1 000~3 000 元。

四是依托公平贸易认证敲开国际市场。推动试点合作社进入国际公平贸易体系。2017年试点工作组帮助北京布韵传奇手工编织专业合作社、北京京纯蜜蜂养殖专业合作社、北京聚隆农业农民专业合作社、北京北菜园种植专业合作社、北京金北红小豆种植专业合作社、北京聚源德老栗树板栗种植专业合作社进行国际公平贸易认证。目前,北京京纯蜜蜂养殖专业合作社、北京聚源德老栗树板栗种植专业合作社已经获得了国际公平贸易体系交易许可,北京聚隆农业农民专业合作社是由企业牵头的联合社,不符合国际公平贸易合作社的标准,没有通过认证,另外3家还在认证审批阶段。试点工作组帮助北京康依家商业连锁公司通过了国际公平贸易渠道商认证。

6.4.4　筹备建立和培育北京市推动公平贸易的主体

从尝试发起京合公平贸易联盟到成立北京农联公平贸易分会。

一是凝聚公平贸易推动主体力量。2016年在试点工作组的寻找、搭建和连接的努力下,汇聚了一批了解公平贸易并且愿意推动公平贸易的合作社、渠道商和个人。在试点工作期间,逐步形成了推动各类型主体参与推动公平贸易在北京的发展,其中包括公平贸易亚太地区联盟驻中国代表、中国香港公平贸易联盟、中国投资协会农业和农村投资协会、北京市供销总社、首农集团、京农集团、北京农投、京东商城、北京新农创投资有限公司、北京奥科美技术服务有限公司、北京康依家商业连锁有限公司、百舸湾农产品物流公司、北京市农民专业合作社联合会、北京市农产品流通协会、北京市农村金融协会、北京市农业龙头企业协会、北京观光休闲行业协会、北京市农产品产销信息协会等相关单位和部门。

二是尝试到社会组织管理部门进行注册,由于民政部门对社会组织成立的管理比较严格,新增独立的社会组织比较困难,因此依托北京市农民专业合作社联合成立了"京合公平贸易"分会。

三是设计了京合公平贸易标识和京合公平贸易联盟的整体VI(视觉识别系统)形象。2017年1月13日课题组组织发起了《京合公平贸易联盟倡议书》,并发布了京合公平贸易联盟标识和整体VI形象方案。会上,30余家渠道商、合作社组成了联盟的核心成员。

6.4.5 研究制定本土化的公平贸易标准

公平贸易标准是参与国际公平贸易市场的准入机制，公平贸易渠道商和公平贸易生产者组织都需要按照相应的标准要求进行产品交易。公平贸易标准是公平贸易运行体系的核心，也是实现公平贸易原则和目标的保障。因此，试点工作开展过程中，试点工作组加强了对公平贸易标准的认知和推广，组织研究和翻译了公平贸易的核心标准，包括《公平贸易贸易商标准》《小生产者组织公平贸易标准》《蜂产品公平贸易标准》《FLO组织认证合同文本》《小生产者组织收费系统》等。此外，试点工作组考虑到国内产品和生产合作社的特性，组织专业研究力量，参照国际公平贸易标准，研究制定了《北京市农民合作组织公平贸易综合标准》《北京市公平贸易贸易商综合标准》《北京市公平贸易产品和贸易认证管理办法》等标准和操作规范，为搭建京合公平贸易运行平台提供核心支撑。

6.4.6 加强公平贸易的理论研究和由实践向理论的转化

围绕北京市发展公平贸易的基础条件和公平贸易平台的职能、主体、标准、政策等加强研究。

（1）开展北京市469个收入较低村抽样摸底调查

2016年，对北京市10个区86个乡镇的469个抽样调查村进行了摸底调查和对28个村进行了深入走访，形成了15.8万字的《北京市较低收入村抽样调研报告》，该调研报告摸清了北京市低收入村户的基本情况、资源情况和脱低的政策需求。

（2）开展典型案例研究

2016年，试点工作组对世界公平贸易典型案例和国内典型公平贸易合作社进行了分析，形成了《京合公平贸易准入标准与认证管理的案例研究报告》。

（3）走出去学习经验

2016—2017年，试点工作组分别赴上海（3次）、江西（2次）、云南、台湾等地开展了实地考察与交流，形成了考察报告6篇。

（4）积极对试点工作进行总结和提升

公开发表论文6篇，内刊发表论文8篇（表6-3）。

表6-3 北京市发展公平贸易促进低收入农户增收试点工作成果统计（2016—2019年）

（一）公开发表论文			
序号	文章标题	报刊名称	发表时间
1	《麦咨达实现农产品供应链全过程质量管理的经验》	《天津农业科学》	2017年第5期
2	《依托农民合作社精准帮扶低收入农户——基于北京市469个低收入村的调查分析》	《中国农民合作社》	2017年第6期
3	《农业产业化联合体带动北京低收入村特色产业发展》	《中国乡村发现网》	2017年10月30日
4	《公平贸易助力农民专业合作社规范发展》	《中国乡村发现网》	2017年12月8日
5	《国际公平贸易实现精准扶贫的机制与成效》	《中国经贸导刊》	2018年2月上
6	《北京：产业化联合体帮扶低收入村的几种模式》	《农村经营管理》	2018年2期
（二）内刊发表论文			
1	《巧手合作社带动低收入农户增收》	《北京农村经济》	2017年第7期
2	《公平贸易走进第11期农研智库大讲堂》	《北京农村经济》	2017年第5期
3	《上海乐创益发展公平贸易的实践与启示》	《北京市农研中心调查研究报告》	2016年第15期 总第217期
4	《麦咨达农产品供应链全程管理的经验与启示》	《北京市农研中心调查研究报告》	2016年第23期 总第225期
5	《北京市收入较低村抽样调查报告》	《北京市农研中心调查研究报告》	2016年第44期 总第246期
6	《台北公平贸易城市建设的经验与启示》	《北京市农研中心调查研究报告》	2017年第12期 总276期
7	《公平贸易助力北京市低收入村特色产业发展》	《北京农村经济》	2018年第1期
8	《北京发展公平贸易促进低收入农户增收调研报告》	《北京调研》	2018年7月

6.5 北京市发展公平贸易促进低收入农户增收试点单位的探索与实践

6.5.1 北京布韵传奇手工编织农民专业合作社

北京布韵传奇手工编织合作社，2013年成立于门头沟区清水镇，现有入社农户122户，主要经营丝绫堆绣、手工布艺画、手工刺绣、手工编织、手工串珠、传统剪纸、民间工艺品制作，农副产品包装礼盒等研发、培训、制作和销售。多年来合作社找准山区产业发展定位，广泛培训山区农民手工艺品制作等实用技术，深入开展符合农民实际的就业指导，带动了以清水镇农民为代表的近400人弹性就业和居家就业。手工艺品制作也成为清水镇一部分农村妇女就业增收的重要途径。

（1）找准产业定位，发展壮大农民专业合作社

清水镇位于门头沟的边远山区，多年来一直以煤炭等矿产开采业为主要经济支柱。随着门头沟区被北京市确立为生态涵养发展区，门头沟区先后关闭了270个煤矿、砂石企业、石灰窑。产业告别了"黑白黄"，曾经的从业者也面临着转型。尤其是清水镇的广大农村妇女，年龄大多在35~50岁，因为上有老下有小不能走出山村就业。

布韵传奇手工编织合作社结合山区产业转型发展的特点，认真分析清水镇产业结构，以清水镇大力发展旅游文化休闲产业为契机，提出了通过发展特色手工艺品和旅游商品带动农民增收的思路。2011年起，通过聘请专家、外出学习等方式开始对山区农民尤其是农村妇女进行丝绫堆绣、手工编织、手工刺绣、手工串珠等民间手工艺品制作的实用技能培训，并对他们进行就业指导。

2013年1月，布韵传奇手工编织合作社成立后，妇女们也由单一的产品制作巧娘变成了合作社的股东，参与到合作社的经营管理中来，不但能获得制作手工艺品的工资，还能定期得到合作社的分红。合作社也在产品设计研发上下功夫，不断研发出钩织品十二生肖，多种吉祥挂饰、圈圈包，花包等编织产品，并联系到多家长期合作的经销商。

2013年，合作社经营的手工编织被北京市妇联评为"重点项目"。同年7月，全国妇联、北京市妇联、区委、区政府领导到合作社调研，对合作社带动妇女就业的做法给予充分肯定。几年来北京市农委、门头沟区农

委、区总工会、区妇联、区文联、区艺术家协会等单位领导多次到合作社考察指导,对合作社的发展提出了很多指导意见和建议。2015年合作社被市妇联认定为"北京巧娘手工艺研发基地",被市农委评定为"市级示范社"。

(2) 借助公平贸易平台,带动低收入农户增收

2016年在北京市农研中心和门头沟区农委的支持和帮助下,合作社被列为北京市发展公平贸易促进低收入农户增收试点合作社。加入北京市公平贸易平台联盟以来,合作社对手工艺品制作的农户进行信息登记,加大培训力度,建立了"就业调查—技能培训—就业指导—产品销售"四位一体的培训体系。2016年全年,合作社开展农户培训活动50余次,累计培训1 200余人次。合作社派出15名技术骨干,到清水镇黄塔、齐家庄、李家庄、达摩庄、田寺、上清水、下清水等村为近600名低收入农户妇女进行免费培训,使手工艺制作技术培训覆盖了清水镇全镇。培养出有一定文化水平、技术好的妇女就业带头人25名,随时到各村进行技术指导和就业辅导。

同时在专家的指导下,对产品的原材料选购、生产加工、入库出库、批发销售等各个环节都进行了规范,有效提升了各类产品的质量,提升了管理水平。

以公平贸易为平台,受邀多次参加北京农联24公益集市等展卖活动,大大提升了合作社产品的知名度。山区农户自己制作的手工艺品不仅能走出北京,面向全国,甚至有机会迈出国门,走进国际市场。

一年来,合作社产品销量大幅提升,同比2015年增加了20%以上。截至2016年底,合作社通过培训带动弹性就业人数从2014年底的245人增加到了396人,就业农民每天的收入能够达到35~50元,年收入能达到5 000~9 000元。

(3) 以公平贸易为契机,不断提升各项管理水平

2018年3月,布韵传奇手工编织农民专业合作社在试点工作组的帮助下,获得了公平贸易WFTO组织的公平贸易手工品认证。合作社将以公平贸易试点合作社为契机,吸纳更多的社员加入合作社中,引进高学历、高技能人才,进一步充实合作社管理队伍。进一步加大对广大农户尤其是低收入农户的培训力度,扩大培训面,由深山区逐步向浅山区及城区扩展。继续学习运用市、区领导及各位专家国际化的管理经营理念,规范

管理，提升产品质量，设计研发出更具有文化价值和实用价值的特色手工艺品。

该合作社在实践和参与公平贸易的过程中，充分体现了帮助贫困地区的最佳方式不是捐款，而是直接购买他们的符合标准的高质量产品，并通过帮他们的产品融入全球商品体系，贫困农民能够从根本上有尊严地脱贫。

(4) 合作社发展面临的主要瓶颈

一是产品增值收益仍相对偏低。北京布韵传奇手工编织合作社的产品以毛线编织、钩织品为主，产品主要进入批发市场，价格偏低，而且也很难进入高端市场。需要对产品的设计、原料选材等方面进行提升。比如在产品设计上，缺少自身突出的特点，缺乏与城市居民生活品位、情趣相适应的产品；原料选材普通，还没有安全材料的理念，与公平贸易标准也还有一定差距。二是合作社人才缺乏。一方面是管理人才缺乏，布韵传奇手工编织专业合作社的王慧芳社长今年已经63岁，她一个人负责产品研发、组织开展各村的培训，并跟老伴把产品卖到市场上去，这些工作量年轻人都很难一个人承担和完成。另一方面是技术人才缺乏，缺乏懂互联网应用的人才，尽管当下微商、网店都已经比较普遍，80%的合作社已经涉足网店平台，然而，在低收入村、低收入农户那里，会用微信的人还不多；缺乏外语人才，在与国际公平贸易平台对接过程中面临很大的障碍，这在很大程度上制约了合作社发展。三是产品销售渠道仍需拓宽。合作社产品销售的渠道仍然比较窄且不稳定，主要是批发市场和各类展会，合作社还没有自己的网络销售平台，需要有一个稳定的销售渠道，才能为山区低收入农户提供稳定的收入来源，并带动更多的农户增收。

6.5.2 北京康依家商业连锁有限公司

北京康依家商业连锁有限公司成立于2014年8月，旗下有34家社区便民菜站，是门头沟区政府便民菜篮子工程。该公司以新鲜、安全、绿色的食品服务于社会，以用心服务消费者为宗旨，竭力发展成为北京市社区居民及各企事业单位的放心"厨房"和"后勤"。2015年以来，公司承担了门头沟区农委项目《门头沟区优质农产品营销推广》的工作任务，公司根据门头沟区农产品的小、散、特、优的特点，制订包含乡村旅游、采摘、基地体验、菜站时令销售等多途径的全年销售计划，并在门头沟区苹果卖难时候，公司主动帮助低收入农户销售苹果4万余斤，该公司一直在坚持和努力成为安全农产品的供应商，也希望能够帮助更多的农户卖出他们的好产品。该公司的实践与公平贸易的理念有很多相似之处，这也是课题组选择该公司作为公平贸易渠道商试点单位的重要原因。

2016年，该公司加入了北京市发展公平贸易促进低收入农户增收试点工作组，依托自身的资源优势，该公司多途径宣传公平贸易理念，推动公平贸易试点合作社产品进入实体店，帮助试点合作社销售他们的产品。一是推动公平贸易理念进社区。结合公司开展的门头沟区优质农产品进社区活动，在每次的促销活动中予以大力宣传和推广公平贸易理念和试点合作社产品，让更多的消费者认知并购买。同时，为了更好地宣传公平贸易，2016年9月，课题组还在甘肃张掖的张交会上开展了公平贸易理念的宣传推广活动。二是推动公平贸易试点合作社产品进入实体店，该公司在康依家旗下的便民超市设立了公平贸易专区，专门展卖公平贸易试点合作社的产品，并在专区设立的电视宣传窗口，用更加形象的方式向居民介绍和推广公平贸易理念和产品。三是积极推动各类农产品适时、适价、顺畅销售。为更好地落实"北京市发展贸易促进低收入农户增收"工作任务，探索以公平贸易的理念推行市场化的扶贫机制，北京康依家商业连锁有限公司在门头沟区各级政府部门的指导和帮助下，积极探索帮扶山区农户和弱势小农户的途径，实现了各类农产品适时、适价、顺畅销售，使区农产品未出现滞销的情况，在取得了较好经济效益的同时，有力助推了门头沟区的农产品发展。直接或间接地帮助了山区农户和弱势小农户的产品销售，增加了他们的收入。四是积极加入公平贸易组织，于2017年6月获得了公平贸易组织FLO的渠道商认证，获得认证的经营范围为公平贸易红酒、蜂蜜两种产品。

6.5.3 菲翠贸易（北京）有限公司

菲翠贸易（北京）有限公司将自身定位为一家社会企业，这意味着公司首先要依靠市场生存下去，获得可持续发展的基础，同时要取得社会价值，在中国推广公平贸易运动，力图帮助更多的小农户摆脱贫困，获得公平的收入。

2016年4月取得国际公平贸易组织的渠道商认证。2016年菲翠贸易（北京）有限公司在公平贸易领域开展了新的尝试。

（1）推动公平贸易产品进社区，推广公平贸易理念

一是参加巴基斯坦慈善集市。2016 年 5 月 28 日，为庆祝中巴建交 65 周年，北京巴基斯坦大使馆举办了慈善义卖活动。菲翠公平贸易公司带来了巴基斯坦生产的公平贸易足球，成为义卖活动中最受欢迎的产品之一。在本次活动中，通过公平贸易体系，菲翠公平贸易给予巴方的足球生产者公平的价格，同时，中国的消费者了解了公平贸易理念，愿意通过良心消费来支持公平贸易。

二是参加南非大使馆"南非葡萄酒周"活动。9 月 10 日，菲翠公平贸易参加了南非大使馆举办的"南非周"活动，并带来了全球首款获得公平贸易认证的葡萄酒品牌——Thandi（善地）。Thandi 是联合国、南非政府和国际公平贸易组织的黑人赋权样板工程，得到了参观者的关注。各国外交人士和中国的高端消费人群，通过这款酒了解公平贸易。

三是菲翠公平贸易参加了首届北京农民专业合作社联合会 24 公益集市（简称北京农联 24 公益集市）活动。北京农联 24 公益集市城乡联动爱心奉献公益集市是一个让城市里的人认识农民，了解农产品，帮助农民的平台，来参加公益集市的所有商户都有着浓厚土地情结，用一颗朴实的心坚持着生态种植、安全生产，生产出的农产品品质上乘，具有地方特色。尽管这些农户用心经营自己的农场、土地，但仍然缺少销售的途径和渠道，公益集市办集的宗旨就是希望可以帮助这些农户，同时让城里人可以吃上放心菜，过上健康的生活。作为代表国际公平贸易产品的菲翠公平贸易，在集市上不断地向买家宣传公平贸易理念。

（2）借助相关平台推广公平贸易产品

一是在京东开展公平贸易足球众筹活动。为了进一步提高公众对公平贸易理念的认知，菲翠公平贸易登陆京东众筹，开启了第一款公平贸易产品的众筹。菲翠公平贸易精心设计了页面，突出公平贸易理念，为期 40 天的众筹活动，得到 539 位网友的支持，共筹得 10 万元。

二是赞助"任意球大赛"。足球成为国人最关注的体育项目之一。由北京市足球运动协会、体坛传媒集团股份有限公司主办，北京任意球体育发展股份有限公司承办的"Joma 杯 2016 任意球挑战赛"在北京、邯郸、承德、延边、盐城、长春等 6 个城市陆续开展，报名参赛的选手近万人，成为今年民间体育比赛的亮点。Tramondi 公平贸易足球，凭借精准的技术参数和稳定的质量成为大会唯一的比赛用球，并获得了参赛选手的广泛认

可。通过比赛，公平贸易理念进一步得到足球界的关注和认可。

（3）开展公平贸易培训

一是为北京市农村经济研究中心试点工作组讲解公平贸易。2016年6月12日，试点工作组在北京市农经办（农研中心）召开了公平贸易专题交流会。试点工作组邀请菲翠贸易（北京）有限公司总监张兴为大家作了《公平贸易帮助中国农民实现有尊严可持续性脱贫》的专题讲座。

二是赴云南开展公平贸易培训。2016年12月，在中国云南和缅甸交界的高黎贡山山脚下，菲翠公平贸易走进一间农舍课堂，为这里的农民进行了公平贸易培训。培训内容包括公平贸易理念，公平贸易在全球的发展，2015年的全球报告，公平贸易生产者标准等。

6.5.4 北京农业投资有限公司在四渡河村的"公平贸易"探索

试点工作组积极推动北京农业投资有限公司、北京怀柔区渤海镇四渡河村的连接，以公平贸易的理念为牵引，倡导国有企业发挥产业链优势，帮助低收入村优质板栗卖出公平价格，形成了农业龙头企业+低收入村+低收入农户的板栗产业精准帮扶模式，充分发挥了产业链的渠道优势和村"两委"的组织优势，带动低收入村特色产业发展和低收入农户增收取得了显著成效。按照公平贸易原则进行优质优价收购，引导农户按照有机板栗的标准进行种植。2017年5月，村委会组织栗农与公司签订了种植有机板栗的协议书，要求农户做到不打除草剂、不采青、不使用脱蓬机，实现了以市场需求规范农户生产行为的有效约束，引导低收入村特色产业的绿色发展。2017年9月中下旬，北京农业投资有限公司下属的北京康安农业有限公司按照年初约定，以高出市场价格1元/斤的标准收购农户优质的板栗，共收购四渡河村133户，其中低收入户77户，共计92.5吨板栗，带动全村人均增收753元，仅此一项就可以使四渡河村实现"脱低"。

（1）基本情况

怀柔区渤海镇四渡河村农户共177户，336人，低收入户90户，158人。四渡河村低收入农户2016年人均可支配收入为10 860元，是典型的山区低收入村。该村产业结构单一，村内有3 000亩板栗，但销售渠道不畅；该村人口老龄化严重，60岁以上老人占全村人口的29%。北京市农业投资有限公司（以下简称北京农投公司）是北京市政府出资、授权首创集团组建的创新型农业投融资平台，该公司始终致力于通过技术创新提升农产品流通交易模式，目前拥有全市农产品流通、农村金融等市场优势。北京农投公司肩负着支农、惠农、强农的使命，一直致力于北京市低收入村农户产业帮扶工作，2017年在北京市农民专业合作社联合会、市农研中心（农经办）"北京发展农民合作促进低收入农户增收试点"工作组、市农研中心派出第一书记的共同推动下，四渡河村与北京农投公司合作，按照公平贸易原则优质优价收购该村板栗。

（2）做法及成效

2017年初试点工作组与北京怀柔区渤海镇四渡河村第一书记取得联系，共同推动了北京农业投资有限公司、四渡河村的合作，充分发挥了渠道和组织优势，形成了以公平贸易方式带动低收入村板栗产业精准帮扶的模式，带动了低收入村特色产业发展和农户增收。

一是推动四渡河村农户按照有机标准种植板栗。北京农业投资有限公司通过优质优价收购，引导了农户按照有机板栗的标准进行种植，年初村委会组织栗农与公司签订了种植有机板栗的协议书，要求农户做到不打除草剂、不采青、不使用脱蓬机，实现了以市场需求规范农户生产行为的有效约束，引导低收入村特色产业的绿色发展。2017年北京市农研中心"发展公平贸易促进低收入农户增收试点"工作组帮助怀柔区渤海镇聚源德老栗树板栗合作社加入了国际公平贸易组织，并推动国际公平贸易组织依照怀柔区板栗制定了板栗的国际公平贸易标准，这将使全球板栗小农户受益。

二是为低收入板栗合作社提供短期融资服务。北京农投公司通过下属的农担公司为当地板栗合作社发放了以产品抵押的小额贷款，每期贷款额度为1 000万元，有效解决了合作社板栗收购期流动资金紧张问题。北京农投公司还整合了当地冷库资源，将全市板栗产业链连接起来。

三是帮助北京板栗产业对接全国采购网络。在市区相关部门的支持下，北京农投公司利用渠道资源优势，在怀柔组织召开了全国板栗大会，搭建北京板栗合作社与采购企业沟通交流平台，为低收入村板栗对接渠道搭建了近水楼台。

四是优质优价收购板栗带动农户人均增收753元。2017年9月，北京农投公司下属的北京康安农业有限公司按照年初约定，以高出市场价格1元/斤的标准收购农户优质的板栗，共收购四渡河村133户，其中低收入户77户，共计92.5吨板栗，带动全村人均增收753元，仅此一项就可以使四渡河村实现"脱低"。

(3) 主要启示

北京市低收入村"有资源缺要素、有产品缺渠道"的特征尤为突出：56%的低收入村有特色农产品且缺乏销售渠道，从低收入村特色农产品的种类来看，主要为苹果、板栗、核桃和杏，涉及95个低收入村，1.1万户低收入农户，23 662名低收入人口，占全市低收入农户的13%，总规模9.1万亩。此外，还有柿子、红果、梨、中草药材、花卉、奇异果、香椿、手工艺品等特色农产品。从帮扶需求来看，有130个村提出了需要对本村特色农产品市场销售支持，占比达到56%。

以板栗为例。北京板栗主要分布在怀柔、密云、延庆3个区，板栗是这些地区生态功能的重要绿色支柱产业，也是长城文化的重要组成部分。发展和优化板栗产业对于该区域的绿色发展、生态环境保护、乡村旅游业发展以及低收入农户增收都具有重要意义。可以考虑依托北京市农业龙头企业的农产品流通渠道优势，以优质优价收购的方式，带动低收入农户可持续增收，撬动京郊低收入村特色产业发展。2016年怀柔区板栗产量0.94万吨，占全市的37.6%。怀柔区32个低收入村中有14个村种植板栗，种植面积达到11 300余亩，板栗年产量约为800吨，占怀柔区板栗总产量的8.5%。如果北京农业龙头企业以优质优价收购14个低收入村板栗，将带动怀柔区44%的低收入村可持续"脱低"。同样，密云区有16个低收入村种植板栗约30 400亩，延庆区有7个低收入村种植板栗5 000亩。仅板栗产业可以帮助到3个区的37个低收入村，占全市低收入村总量的15.8%。

以此类推，除板栗以外，低收入村比较集中的特色农产品还有核桃、柿子、山杏、苹果等，这些产业都符合北京市绿色发展的方向，且具有较悠久的种植历史，也是乡村旅游的特色产业支撑，可借鉴此做法，带动低收入村特色产业绿色发展。

6.6 试点工作取得主要成效与启示

在试点工作期间，笔者与公平贸易亚太组织、中国香港公平贸易联盟、中国台湾公平贸易发展协会、上海乐创益公平贸易发展促进会等公平贸易组织建立了紧密的合作关系，宣传了公平贸易理念，凝聚了一批支持公平贸易力量，带动了京郊594户低收入农户增收，试点工作取得了较好的社会效果，得到了业内专家的高度认可。

（1）创造了公平贸易促进农民增收的新机制

两年的试点实践，共有8家农民专业合作社参与试点工作，带动了门头沟区清水镇，怀柔区渤海镇，密云区新城子镇等11个乡镇、房山区良乡镇等10个乡镇，共计23个乡镇的594户低收入农户实现有尊严地增收。推动门头沟区布韵传奇手工编织专业合作社带动清水镇84户低收入农户增收1万元左右，比2016年增幅提高20%以上。2017年试点合作社北京京纯蜜蜂养殖专业合作社带动低收入农户93户增收5 000~6 000元。

（2）拓展了合作社规范发展的新途径

公平贸易倒逼合作社规范财务管理水平。国际公平贸易组织对合作社的章程、财务制度等都有非常严格的要求，要通过国际公平贸易认证必须要有健全的财务管理制度，要定期进行财务公开并保护敏感商业秘密。试点工作组为北京布韵传奇手工编织专业合作社、北京京纯蜜蜂养殖专业合作社、北京聚源德老栗树板栗种植专业合作社等6家合作社和1家渠道商开展公平贸易认证，目前已有3家合作社和1家渠道商通过认证。北京布韵传奇手工编织专业合作社理事长王惠芳表示，在参与国际公平贸易认证的过程中，真正实现了合作社财务规范化、运行规范化，并且还主动提出要按照公平贸易的标准提高手工材料的环保性和安全性。

（3）开辟了农业农村绿色发展的新渠道

在江西省婺源县溪头乡和大鄣山乡茶农协会调研发现，那里的有机茶能够一直坚持下来，正是因为有国际公平贸易支持。试点工作组推动怀柔板栗成为国际公平贸易标准制定的参照系，使未来怀柔绿色产业发展占领了一个国际制高点。推动怀柔区渤海镇四渡河村农户按照有机标准种植板栗，北京农投公司通过优质优价收购，引导了农户按照有机板栗的标准进行种植，年初组织栗农与公司签订了种植有机板栗的协议书，要求农户做到不打除草剂、不采青、不使用脱蓬机，实现了以市场需求规范农户生产行为的有效约束，引导低收入村特色产业的绿色发展。2017年9月中旬，推动农投公司以高出市场价格1元/斤的标准收购农户优质的板栗，共收购四渡河村133户，其中低收入户77户，共计92.5吨板栗，全村人均增收753元，为村里带来了实实在在的效益，得到了基层的好评和认可，

2017年12月22日，该村党支部、村委会给北京市农村经济研究中心发来了感谢信。

(4) 培植了公平与民主的新理念

一方面，公平贸易的理念体现了社会对小农户、弱势群体的关注，通过试点工作组对公平贸易新理念的宣传和消费者教育，使得公平理念、道德消费、道德生产的观念逐步在城乡生根发芽。扶贫先扶智，通过公平贸易理念的宣传，农户通过劳动增收的观念逐渐重新生长起来。另一方面，公平贸易原则要求所有的公平贸易返款必须由全体社员代表大会共同商议，通过民主方式决定如何使用。同时，公平贸易组织的机构都是民主选举产生的，2017年11月试点工作组带领2家获得公平贸易认证的合作社参加全国公平贸易合作社网络的年会，亲身经历了换届选举中的民主氛围和市场作用，民主议事、民主决策的思维和方法在试点合作社中渐渐生长。

(5) 提供了乡村善治的新支撑

公平贸易为乡村发展和环境保护提供了返款支持，为乡村文化的复兴、乡村良好道德重建提供了有效手段。公平贸易返款使用的范围必须是增强社员能力、社区发展、教育医疗等，社员利益得到保障和充分体现。课题组帮助北京市布韵传奇手工编织专业合作社提高产品质量，扩展产品销售渠道，进行公平贸易认证，开拓公平贸易市场，提升了该合作社的带动能力。目前合作社带动了门头沟区3个镇10余个村近400名家庭主妇弹性就业和居家就业，其中低收入户83户。这种居家弹性就业既满足了当地妇女照顾老人、病人、孩子的需求，又充实了她们的业余生活，提高了她们的生活水平，提高了妇女在家中的地位，更重要的是营造了靠勤劳致富的新风尚，维护了乡村社会和谐稳定。

(6) 培育了"一懂二爱"的新人才

一方面，试点工作为研究人员深入基层调研和走出去学习提供了良好契机，提升了研究人员对"三农"问题的认识水平，加深了与农民的紧密联系，锻炼了运用政策理论指导服务村民群众的能力。两年来，结合公平贸易试点工作，赴门头沟（14次）、怀柔（8次）、密云（4次）、大兴（21次）等地调研和进社区活动达到71次，共228人次；赴上海（3次）、江西（2次）、云南、台湾等地开展了实地考察与交流，形成了6篇考察报告。另一方面，公平贸易组织为获得认证的小农户专业合作社提供免费的国内外培训、参加公平贸易国际展会、合作社专家上门指导等，大幅提升了农民专业合作社的实力，拓宽了农民专业合作社、试点工作组成员的视野。北京市聚源德老栗树板栗种植专业合作社和北京市京纯蜜蜂养殖专业合作社在试点工作组的支持下开展了国际公平贸易认证工作，2017年11月这两家合作社顺利通过了国际公平贸易认证。直接负责的两位工作人员李某和杨某都是大学毕业后到合作社工作，是"80后"的新农人，她们表示参与公平贸易感觉很自豪、很有成就感。[①]

6.7　试点工作遇到的主要问题

北京市发展公平贸易促进低收入农户增收试点是借鉴公平贸易模式、通过市场的方式实现精准扶贫的一种新的尝试，在实际推广中遇到的困难主要有四个。

第一，公平贸易理念的认知度低。公平贸易理念在国内的生产者和消费者两个方面的认知都比较低，仅通过试点进行宣传，影响力还是非常有限，受众面相对还比较小。

第二，公平贸易发展受到政策制约。京合公平贸易平台建设受到当前社会组织管理的相关制约。京合公平贸易联盟发起后，确定了京合公平贸易联盟的核心成员，制定了生产者和渠道商标准、运行规则，然而，在推动申请成立一个实体平台时，存在民非组织审批方面的障碍。

第三，国内公平贸易市场的发育相对滞后。公平贸易的生命力关键还是在于市场，需要有一支强大的销售商作支撑才能够将公平贸易做得更好，因此，中国台湾公平贸易发展促进会、中国香港公平贸易联盟都是以促进公平贸易理念宣传和市场推广为主要职能。目前北京市参与国际公平贸易的渠道商还非常少。

第四，低收入村的农民专业合作社自身发展受到人才、管理、资金、市场等多重约束，在试点中笔者深深体会到有的试点合作社人才匮乏对试点顺利进行带来的阻碍。管理合作社的专职人员有的已经60多岁了，而且还身兼村内其他职务，由于缺乏技术人才，有的试点合作社对现代化的

---

① 本部分内容由笔者与张英洪合作完成《北京发展公平贸易促进低收入农户增收调研报告》，已发表于《北京调研》2018年第7期。

信息网络应用能力非常欠缺，在对接市场的过程中，合作社获取市场信息和开拓市场渠道的手段都还比较传统和单一，网店、微商等新的销售渠道基本上没有能力应用，一方面是缺乏懂技术的人才，另一方面是合作社负责人对电子商务不了解、不信任。有的试点合作社因为缺人，经常出现对接难的问题。

6.8 进一步实践的思考与建议

在进一步实践中，建议进一步明确主体，完善顶层设计，形成稳定的渠道，为推动质量兴农和乡村振兴提供新路径。

一是明确一个新主体。进一步推动京合公平贸易联盟实体化和正规化，打造京合公平贸易平台。以北京农联为主体发起成立京合公平贸易联盟，在未获得社团法人资格之前，由北京市农民专业合作社联合会下设京合公平贸易分会，暂行京合公平贸易联盟运作和发展。主要成员由京合公平贸易联盟成员单位、个人志愿者组成。由北京聚源德老栗树农民专业合作社理事长李永军为会长、公平贸易亚太地区驻中国代表赵钧为秘书长，作为京合公平贸易联盟运行的实体平台，负责公平贸易的具体实施。

二是形成一个新机制。京合公平贸易分会下设公平贸易认证部、公平贸易标准与技术研发部、公平贸易合作社指导部、公平贸易宣传推广部、公平贸易市场推广部，负责在北京推动公平贸易发展。构建全国公平贸易联盟，整合现有国内16家公平贸易认证合作社，联合香港公平贸易联盟、上海乐创益公平贸易发展促进中心、台湾公平贸易促进会，形成全国公平贸易联盟，形成经济发达城市对贫困地区特色产品主产区的带动作用。加强与国际公平贸易组织的合作，争取中国在国际公平贸易领域的话语权。

三是出台一个新政策。由北京市农业农村局制定出台《关于北京市发展公平贸易规范合作社发展和促进农民增收的意见》，在机构设置、标准制定、合作社规范、市场拓展、政策支持等方面进行顶层设计，形成稳定的推动公平贸易发展机制，推动北京市以公平贸易方式促进农户增收。待时机成熟后，推动市相关单位制定北京市发展公平贸易的政策。

四是拓展一个新渠道。支持获得星级评定、信用评级高、带动农户能力强的农民专业合作社进入国际公平贸易体系，让他们获得更广的销售渠道、国际视野的专业培训，能够到国外开阔眼界；同时按照国际公平贸易规则，推动合作社有效地治理，实现社员与合作社的利益联结，有助于完善乡村治理体系。进一步开拓国内公平贸易市场，形成实体、网络双重销售平台。

第 7 章

研究结论与对策建议

7.1 公平贸易是制度化的消费扶贫模式

7.1.1 以道德消费引导生产者的规范生产

公平贸易推动者认为帮助贫困农户的最佳方式并不是直接向他们捐款捐物,而是购买他们生产的、符合标准的高质量产品,并通过帮他们的产品融入全球商品体系中,使他们能够实现有尊严地增加收入、积累财富,最终摆脱贫困。公平贸易以道德消费为基础,通过公平贸易组织搭建了生产者与消费者紧密联系的桥梁和纽带。公平贸易以道德消费者的实际需求为导向,引领和约束生产者的行为,促进贫困小农户持续地生产有机生态的优质农产品,为发达国家消费者提供健康安全的产品,同时小农户可以稳定地获得进入国际高端市场的机会,并获得社区发展返款,这些好处不是来源于直接的补贴或者慈善捐赠,而是建立在小农户辛勤劳动和遵守公平贸易标准的基础上,这种减贫方式避免了直接给予容易导致的躺平式、巨婴型的贫困人口,体现了"幸福是奋斗出来的"理念,同时帮助公平贸易认证小农户组织的规范发展,也提高了小农户的组织化程度,提升了小农户进入大市场,与现代农业有机衔接的能力。

7.1.2 将一个倡议变为一项制度化规范化的减贫实践

公平贸易组织从最初的道德消费者倡导的松散联盟,发展为一个有着专业的第三方组织体系和一套不断完整、精细化的制度体系,以及以公平贸易协会为第三方平台建立起来的一系列生产交易标准的制度化、数字化的运行体系。公平贸易为小农户合作组织设立了 6 级标准。标准越来越多,要求也越来越高。公平贸易有效运行的基础是独立审计组织来推动公平贸易标准的执行与监督，为规范贫困地区小生产者组织行为和提高他们的发展能力提供了支持与约束。通过生产者规范标准、贸易商标准，以及公平贸易审计部门的严格标准执行监督和整改措施落实监督，逐步督促和引导农民专业合作社在生产、流通、财务、治理等方面规范发展，提高了小农户组织化程度和应对市场的能力。比较人性化的是其允许认证的小生产者组织行为与其标准出现不符合，在公平贸易审计员发现问题之后，可以在规定的时间内进行整改。但如果限期不改或者更改得不到位，将被暂停资格甚至取消资格。这种具有容错机制的标准体系和审计制度为小农户组织发展提供了良好的行为引导。

7.2 公平贸易促进贫困地区内生包容性增长

7.2.1 稳定贫困地区农户的收入

收入持续增长是贫困地区小农户改善生产生活的关键。公平贸易以贸易的方式支持小生产者组织可持续发展，尝试通过整合供应链来解决贫困小农户与大市场有效衔接难的问题。一是为小农户提供更加公平地进入国际市场的机会。公平贸易组织依托具有社会责任的渠道商和道德消费者，为欠发达地区小农户优质农产品进入发达国家市场并卖个好价钱提供了机会。二是整合农产品供应链，有效减少供应链的中间环节，减少信息不对称，提高农民专业合作组织在农产品供应链上的议价能力，以获得更多的产品价值，进而增加农民专业合作社的成员收益，并可以获得更高的收入。三是公平贸易最低价格保证了公平贸易产品价格的相对稳定，保障了小农户在遇到市场大幅波动时，可以获得可持续生产的平均成本。农民种出优质农产品不难，难就难在将优质农产品卖出一个好价格，难就难在小农户常常难以应对市场价格的大幅波动，难就难在建立一个优质的细分市场，公平贸易通过搭建稳定的销售渠道、建立最低价格机制为小农户提供了稳定收入的"安全伞"。四是公平贸易商与公平贸易农民专业合作社之间的长期合作，为小农户长期稳定增收提供了进一步的保障。

7.2.2 全方位提高小农户内生发展能力

公平贸易组织致力于提高小农户自身各方面能力，促进贫困地区内生包容性增长。一是提高小农户自身生计能力，公平贸易组织通过各种有针对性的农民技能培训、支持农民教育、开展走出去活动，以及帮助农民进行个人、农民合作组织的发展规划等，提高农民自身人力资本。根据农民专业合作社的需要，公平贸易协会每年组织跨国交流和各类有针对性的小农户能力提升培训，这些培训涉及种植技术、生态环保技术、土壤改良、市场营销、跨国电子商务等，帮助小农户生产出符合市场需求的、质量更好的产品。二是提高农民获取资金支持的能力。公平贸易贸易商标准设立了销售商为认证的农民专业合作社提供合理利率融资并预付最高60%的贷款，同时，公平贸易社区返款也可为农民专业合作社成员提供贷款和资金支持。三是提高小农户抵御自然风险的能力。公平贸易专门设定了《公平贸易气候变化标准》，帮助小农户应对气候变化和生态环境整治的能力，并通过再造林项目等为农户提供碳信用，提高小农户获得金融信贷支持的能力。

7.2.3 赋予农民更多权利，激活农民主体性

公平贸易为小农户赋能赋权，培育农民公共意识和参与治理能力。一是赋予公平贸易认证的贫困农民和工人权利。公平贸易小生产者标准中明确提出"非歧视"和职业健康与安全的明确要求，保护贫困女性的权益。二是以约束性参与的方式培育农民的公共意识和参与治理能力。公平贸易建立社区返款机制，并明确规定公平贸易返款必须由农民专业合作社社员一人一票决定其用途，并对用途范围作了明确的规定，在公平贸易组织的审计环节也将公平贸易返款的使用方向、决策过程是否由农户共同投票决定作为审核的重点内容，公平贸易审计员不但要看档案资料，还要走访一定比例的社员农户。一方面通过公平贸易返款提高了农民专业合作社和农户参与村庄发展与治理的资金实力，赋予了农户参与乡村治理的能力；另一方面通过强制农民专业合作社必须通过一人一票的方式共同决定将公平贸易社区返款用于何处，赋予和落实了农户参与乡村社区公共事务的权利，同时通过多次重复的公平贸易返款使用的投票决策，逐步增强了农民对社区的公共意识和主动参与乡村发展与治理的意识。三是社区返款促进了乡村建设与发展。社区返款通常被投入其他社区项目中，或者用于提高农民专业合作社及其成员的能力，并且社区返款如何使用必须由社员投票决定，赋予了农民参与村庄治理的权利，激活了农民参与乡村发展、建设

与治理的主体性。

7.3 公平贸易减贫与乡村善治的主要不足

7.3.1 公平贸易的规模十分有限

从公平贸易发展历程来看，尽管公平贸易经历了近70年的发展，但公平贸易的总体规模比较小，社会影响力有限。一是公平贸易产品涵盖种类屈指可数。目前公平贸易农产品主要集中在咖啡、可可、茶叶、香蕉、花草、蔗糖、棉籽七类产品，这七类产品的贸易额占全部产品贸易额的90%以上。二是公平贸易小生产者组织和农户的数量虽然在逐年增加，但总数与贫困小农户的数量相比，仍十分微小。2021年全球公平贸易小农户合作社仅有1 930家，带动小农户和工人的总数仅为202.9万人。2022年底，我国农民专业合作社达到208.6万家，示范社达到20.94万家，成员5 984.4万人，其中建档立卡脱贫农户200万人[①]。目前我国加入公平贸易组织的农民专业合作社仅有28家，与全国农民专业合作社数量相比几乎微乎其微。可见，公平贸易组织推动的减贫与乡村善治从规模上而言，其社会影响力是非常微弱的。三是公平贸易产品消费市场规模有限，很多认证的农民专业合作社也仅有三成的产品是通过公平贸易商这个渠道稳定销售的。目前公平贸易消费市场主要集中在欧美地区，中国消费者对公平贸易标签的认识还非常有限。

7.3.2 公平贸易组织内部治理仍需完善

由于强调生产者赋权，公平贸易的三大地区（非洲、拉丁美洲和亚太地区）的公平贸易联盟都由生产者选举的理事会治理。虽然有很多积极的影响，但小农户生产者组织只关心自身利益，并不重视公平贸易的宣传和推广，更主要的是公平贸易由消费者主导，而小生产者对消费者的需求衔接仍不紧密。长此以往，公平贸易会有脱离可持续发展轨道的风险。

---

① 数据来源：农业农村部合作经济指导司，http：//www.moa.gov.cn/。

7.3.3 公平贸易发展面临着产业转型与市场竞争压力

通过贸易的方式帮助小农户减贫的美好梦想也必须面对激烈市场竞争的残酷现实。一方面，公平贸易面临一般零售业发展转型的压力。公平贸易传统的合作伙伴是大型的连锁超市。现在这些超市面临着种种挑战，市场份额在不断下降。尤其是电商的快速发展，抢夺了传统超市的市场份额，价格的透明化，使超市的利润率也在下降，有些超市开始反思公平贸易对其业绩的贡献，甚至不再用公平贸易的产品，而改用自己的可持续标准。如全球大型连锁超市麦德龙，制定了"麦咨达"认证系统，其做法与公平贸易的模式十分接近，不同处在于：其标准的制定者即是销售商，其具备更加敏感的市场需求信息，直接整合了供应链，也规范了生产者的生产行为；不以减贫和赋能赋权为唯一目标，因此其带动的农户范围更广泛，运营成本更低。另一方面，公平贸易也面临着较高的运行成本。公平贸易起源于消费扶贫，只是在发展过程中进一步演化为规范化、制度化的第三方平台运行模式，促进了消费扶贫的可持续发展。但这种方式需要较高的交易成本和管理成本，公平贸易商和公平贸易小生产者组织需要每年缴纳不同额度的认证费用，用于维系公平贸易体系的有效运行，同时，公平贸易的目标还包括改变小农户生产行为和组织治理机制，因而也需要一定的运行成本。

7.4 公平贸易在中国发展具有独特优势和现实困难

7.4.1 中国发展公平贸易具有突出的优势

一是脱贫地区优质特色的农产品资源十分丰富，但农产品流通销售渠道陈旧单一，有较强的农产品供应链整合和渠道建设需求。在经济欠发达的地区，大量的优质特色农产品没有真正卖上优价，而是通过传统渠道进入大宗产品市场，与普通农产品进行价格竞争，好产品卖出"白菜价"，导致农民守着金饭碗却不能稳定增收。据调研，北京市郊区收入相对较低的469个村中，有60%的村有特色优质农产品，而90%的低收入村农产品缺乏稳定的销售渠道，且主要是面向低端市场。北京市2016年确定的234个低收入村中，有131个低收入村有特色的农产品资源且主要的帮扶需求是希望帮助建设农产品销售渠道。其中具有一定规模的特色农产品有苹果、板栗、核桃、杏，涉及低收入村95个，涉及农户近2.4万人。

二是区域发展的不平衡性为公平贸易减贫提供了国内东西协作的基础。国际公平贸易通过北部欧美发达市场需求引导南部非洲、拉丁美洲、亚太地区的欠发达地区的小农户的生产行为，以贸易的方式建立南北市场的紧密关联。而我国目前东部经济发达地区的消费能力和消费者观念不亚于欧美发达国家市场，据笔者对北京、上海、南京、杭州四个城市的消费者购买意愿调查，支持和愿意购买公平贸易产品的消费者已经达到46.2%，具有道德消费观念和愿意支持公平贸易的消费者已经不再是"小众"群体。另外，中西部经济欠发达地区，特别是脱贫地区是有机、绿色、特色农产品集聚的重要生产基地。据农业农村部数据，2021年我国西部地区绿色、有机、地理标志农产品获证单位7 539家，产品16 994个。如何加强这些农产品供应链的有效整合，如何建立稳定地进入高端消费市场的销售渠道，并对相对贫困农户提供有效的生产规范、能力提升、扩权赋能，促进中西部脱贫地区实现内生包容性增长，实现乡村全面振兴，需要利用好这种区域发展不平衡性，推动国内市场有机循环。

三是在我国减贫实践中已经有大量的消费扶贫的实践探索。在脱贫攻坚期间，国有企业、民营企业、社会组织和个人通过消费扶贫帮助贫困人口脱贫的案例屡见不鲜。重庆市通过电商消费帮扶取得很好的成效，以秀山县电商为例，2018年该县实现电商销售额18.6亿元，农产品上行件超过1 000万件，带动近万户农民户均增收5 000元以上。在鲁渝协作消费帮扶的支持下，重庆打造了集"品种培育—试验评价—种苗繁育—种植生产—加工利用"于一体的全产业链科技创新体系，成功构建"从一粒种子到一杯橙汁再到皮渣资源化利用"的全产业链模式，柑橘种植面积、产量分别达到372.3万亩、358.2万吨，带动107万户橘农年均增收2 069元①。河北省组织动员全省党政机关、企事业单位、社会组织、部队院校等，面向所有贫困县、贫困村，特别是10个深度贫困县、206个深度贫困村，扩大贫困地区产品和服务消费，促进贫困地区和贫困人口稳定脱贫、持续增收，实现贫困地区加快发展。2019年4月习近平总书记在重庆市主持召开解决"两不愁三保障"突出问题座谈会上作出"组织

---

① 数据来源：http://www.moa.gov.cn/xw/qg/202306/t20230627_6431002.htm。

消费扶贫"的重要指示,同年11月国家发展改革委等15个部门发出了《动员全社会力量共同参与消费扶贫的倡议》,倡议提出:进一步发挥好东西部扶贫协作和对口支援等政策机制作用,继续推行"万企帮万村"行动①。大量的消费扶贫实践在脱贫攻坚战中发挥了重要作用,但整体上而言还缺乏系统性、制度化的运行机制。

7.4.2 公平贸易在中国发展的现实困难

公平贸易在中国的发展是十分缓慢的。目前,我国公平贸易发展的规模非常小、参与主体屈指可数,我国公平贸易认证小生产者组织仅是印度公平贸易认证小生产者组织的18%。在体系建设方面,公平贸易组织未在中国注册,也未成立公平贸易联盟,各认证的小生产者组织仍处于各自为战的状态。这主要有三个方面的原因:一是贫困地区农民组织起来的难度大。北京市低收入农户的组织化程度非常低,2016年234个低收入村中只有16个村有农民专业合作社,占低收入村总数的6.8%,且这些村农民专业合作社属于"僵尸社""空壳社"的比较多,带动农民增收力量非常微弱,农民专业合作社发展不规范的问题至今仍然比较突出。二是社会力量发展缓慢。公平贸易组织从本质上还是通过社会公益性组织开展的减贫实践,需要由具有公益性的第三方组织加以推动,然而我国目前社会力量总体上还是偏弱,据民政部数据,2023年底我国共有社会组织88.2万个,带动社会各类人员就业1152.3万人;2023年底我国有经常性社会捐赠工作站、点、慈善超市1.5万个,其中慈善超市3697个②。作为一个拥有14亿人口的大国而言,社会组织的数量远远无法满足社会公益事业发展的需求。据中国社会科学院大学与社会科学文献出版社共同发布的《社会组织蓝皮书:中国社会组织报告(2023)》,我国慈善组织区域发展不平衡,各地区的慈善组织之间无法形成有效合力以覆盖到每一处需要的地方。部分慈善组织人员工作专业经验不足,专业性较低。同时,部分慈善组织思想建设薄弱、缺乏有效的监管体系等,加之部分慈善组织信息公开透明度较低、募捐及物资分发行为不规范,导致慈善组织公信力下降(叶红梅,2023)。三是国内消费者对公平贸易标签缺乏足够的认知。尽

---

① 数据来源:http://www.moa.gov.cn/xw/zwdt/201911/t20191108_6331568.htm。
② 数据来源:民政部《2023年民政事业发展统计公报》,https://www.mca.gov.cn。

管公平贸易在全球已经有 70 余年的发展历程，但是公平贸易标签运动在一线城市仍比较滞后，消费者对公平贸易的基本理念、基本原则、运行方式等几乎没有认识，很难形成大规模的公平贸易产品消费市场。同时，推动消费扶贫的行动计划也没有系统研究公平贸易减贫与推进乡村善治的实践逻辑和运行机制，很难有效吸纳其良好经验为我所用。

7.5 推动公平贸易减贫在中国实践的对策建议

7.5.1 深化对公平贸易减贫与乡村善治的理论认识

公平贸易减贫与乡村善治实现帮扶地区的内生包容性增长，与联合国减贫目标高度一致，同时与人类可持续发展的相关理论也紧密协同。公平贸易作为一个社会力量推动的减贫行动，能够持续不断地迭代发展 70 余年，与其系统严密的运行机理紧密相关，公平贸易的组织体系如同时钟的机械运动一样按照一定的轨道和规律运转。本书对公平贸易产生的背景、理念和运行机制进行了初步的阐释，剖析了公平贸易减贫与乡村善治的主要路径，归纳了公平贸易的发展历程和主要特点，并从国际国内实践案例、北京市发展公平贸易促进低收入农户增收的试点试验的经验进行了总结，这在国内是具有创新性的工作。但这还远远不够，下一步对公平贸易的理论研究还应进一步深入。一是深入剖析相关主体的博弈行为和制度演变的关系，进而从理论层面阐释公平贸易运行中如何降低交易成本和抑制道德风险。二是尝试构建一个相对完备的评估框架，阐明公平贸易行动加强小农户与大市场的连接涉及一系列交易成本和辅助条件，为有意愿参与公平贸易的农民及其组织提供有效的指导。三是进一步从理论上回答一系列悬而未决的问题。诸如公平贸易标识能否在提高参与者进入国际市场便利度的同时显著抬高参与门槛从而对某些群体形成排斥效应，在国际/国内市场销售公平贸易产品需要什么样的国内市场环境及可能的辅助条件，国际贸易组织在多大程度上可以帮助参与者维权，是否有可能出现相关国际组织异化为控制市场渠道的特殊利益集团，是否会成为新的贸易歧视来源，等等。

7.5.2 引导公平贸易减贫与乡村善治实践的本土化发展

推动公平贸易在中国的发展既要从供给侧着力，也要从需求方推动，关键在于对消费者的教育和引导。建议从以下三个方面推动国内公平贸易理论宣传和消费者引导。

一是培育公平贸易的推动主体。发展公平贸易需要有一个主体作为支撑，只有运行有效的主体才能推动公平贸易理念宣传和推动公平贸易在国内发展。2016—2018年，笔者组织实施的发展公平贸易促进低收入农户增收试点工作，在北京市农民专业合作社联合社下成立了公平贸易分会，作为推动公平贸易在中国发展的重要主体。建议试点地区能够在试点工作成果的基础上，对公平贸易分会进行进一步的完善。在公平贸易分会设立公平贸易认证部、公平贸易标准与技术研发部、公平贸易合作社指导部、公平贸易宣传和市场推广部，负责在北京推动公平贸易发展。同时，构建全国公平贸易联盟。整合现有国内16家公平贸易合作社，联合中国香港公平贸易联盟、上海乐创益公平贸易发展促进中心、中国台湾公平贸易促进会，形成全国公平贸易联盟，推动实现经济发达城市对贫困地区特色产品的产区小农户进入大市场的带动。

二是加强开展公平贸易理念宣传。以公平贸易标识为核心，多渠道推广和宣传公平贸易理念，提高消费者对公平贸易的认知度。公平贸易标识是消费者与生产者衔接的桥梁，是公平贸易机制的核心，培养消费者对公平贸易理念的认知、认同和信任，形成购买渠道安全的观念，并通过公平贸易标识找到他们希望帮助的小农户群体。

三是针对不同消费群体开展不同的推广策略。一方面，在校的大学生、研究生类型的消费者群体是公平贸易的潜在消费者，由于他们所处的职业状态、年龄阶段尚未对社会认可或者说道德消费具有显著需求，但是，他们是未来公平贸易产品消费的重要群体，他们越早了解和认同公平贸易理念，越容易在未来的生活中选择公平贸易产品。因此，针对这类人群，应重点开展公平贸易公开课、主题宣讲、公平贸易进校园等活动，加强对公平贸易理念和运行机制的宣传。另一方面，针对女性、35岁以上、在职的消费群体是公平贸易产品购买的主要群体。针对这类型的消费者，应该同时加强公平贸易理念宣传和公平贸易产品营销的力度。针对这类消费群体，公平贸易市场推广的地点最好选择在高端工作社区，并为消费者提供更加便捷的购买渠道，制定合理的销售价格，定价应遵循公平贸易产品价格高出一般同类同质产品价格的10%~40%为宜。

7.5.3 借鉴公平贸易实践完善我国消费扶贫机制

我国消费扶贫的主要做法是东西部协作消费帮扶和"万企帮万村"的企业消费帮扶，其中不乏卓有成效的创新实践。但总的来看，能够形成包容性增长的有效模式还不多见，多数创新模式仍处于促进贫困地区和相对贫困地区农民增收的"经济增长"阶段，对于提升相对贫困农民的生计能力、权利获得和福利普惠方面，还在消费帮扶实践的关注点之外。这就导致了消费帮扶缺乏长效运行机制，具有较强的政策目标性、阶段性、运动性，缺乏系统性、可持续性和市场化特征。在我国东部经济发达地区，消费者的消费能力和消费理念都已经达到较高的水平，大部分消费者都会愿意多花一些钱来帮助相对贫困和弱势群体。但由于消费扶贫缺乏有效的组织和监管，导致了信用危机，不但伤害了消费者，而且阻碍了消费扶贫的可持续发展。公平贸易的实践目标是综合性的，解决方案是系统性的，运行机制是制度化的，组织方式是社会化的，帮扶手段是市场化的，这些典型经验是值得国内消费扶贫实践借鉴吸收的。在推动消费扶贫的过程中，应注重加强组织体系、制度规范、标准体系、监督体系、品牌建设等方面运行机制建设，逐步形成具有中国特色的消费帮扶机制，从而实现消费者与生产者的有机联结，帮助小农户建立良好的生产行为规范，和以需求为导向的优质农产品生产模式，为相对贫困地区小农户开创一个具有减贫特质的高端消费者细分市场，为消费者提供了一个购买更安全农产品的消费渠道，实现相对贫困小农户与现代农业的有机衔接，同时唤醒农民参与公共事务的公共意识，提高农民参与乡村发展、建设与治理的能力，为乡村全面振兴提供有力支撑。

附 录

北京市发展公平贸易促进低收入农户增收试点工作大事记

2016 年

4月7日，北京市农村经济研究中心（以下简称北京市农研中心）调研综合处组织召开了北京市发展公平贸易促进低收入农户增收试点工作专家座谈会，启动了试点工作。北京市农研中心（市农经办）党组书记、主任郭光磊、北京市农研中心巡视员张秋锦出席了座谈会。会议邀请了农业部经管司原巡视员、研究员关锐捷，北京市门头沟区人大常委会副主任、中国科学院地理科学与资源研究所研究员谭杰，北京市门头沟区农委主任耿新民，北京市农业投资有限公司原总经理张凤林，北京市奥科美技术服务有限公司总经理眭保华等专家参加座谈。北京市农研中心（市农经办）党组书记、主任郭光磊主持会议，调研综合处王丽红博士汇报了《北京市发展公平贸易促进低收入农户增收试点工作方案》（讨论稿）。

4月24日，北京市农研中心调研综合处王丽红博士、刘雯博士赴上海参加了由上海乐创益发展中心组织召开的上海乐创益公平贸易研讨会。

5月17日，北京市农研中心"北京市发展公平贸易促进低收入农户增收试点工作"课题组赴门头区农委调研。农业部经管司原巡视员关锐捷研究员，北京市农研中心调研综合处张英洪处长、段书贵副处调研员、王丽红博士、刘雯博士，北京市奥科美技术服务有限公司技术总监刘帅男，与门头沟区农委以及门头沟区蜂蜜、手工艺品和苹果3类产品的6个典型农民专业合作社代表进行座谈。门头沟区农委主任耿新民参加了座谈会，门头沟区农委副主任张娜主持了座谈会。

6月12日，试点工作组在北京市农研中心709会议室召开了公平贸易专题交流会。试点工作组邀请菲翠贸易（北京）有限公司总监张兴为大家作了《公平贸易帮助中国农民实现有尊严可持续性脱贫》的专题讲座。

8月10日下午，为深入推进改革试点工作，加快研究成果转化应用，中心调研综合处"北京市农产品供销智能化管控体系试点工作"课题组和"北京市发展公平贸易促进低收入农户增收试点工作"课题组在中心505会议室联合召开了"京合农品标准体系与平台升级改造研讨会"。北京农民专业合作社联合会总顾问张凤林，农业部信息中心原副主任、研究员李伟克，北京物资学院教授、农业与食品物流研究所所长洪岚等3位专家受邀参加会议讨论。北京市农研中心巡视员张秋锦主持会议。

8月15日，北京市发展公平贸易促进低收入农户增收试点工作组在北京市农研中心505会议室召开公平贸易宣传季活动之京港沪经验交流会。会议邀请了国际公平贸易组织亚太地区中国代表赵钧博士，中国香港公平贸易联盟发起人、公平栈创始人梁佩凤，上海乐创益公平贸易发展中心创始人、总干事陈乐丛，菲翠贸易（北京）有限公司总监张兴等在中国从事和推动公平贸易发展的先行人士。农业部经管司原巡视员关锐捷研究员，国际绿协副秘书长、农业专委会主任胡文军等专家和领导应邀参加了本次经验交流会。北京市农研中心巡视员张秋锦、北京市农研中心合作社指导处副处长、北京农联秘书长魏杰参加了本次经验交流会。北京市农研中心调研综合处王丽红博士主持会议。

8月17—19日，北京市发展公平贸易促进低收入农户增收试点工作组赴江西婺源溪头乡茶农协会调研。北京市农研中心调研综合处王丽红博士、北京市康依家商业连锁有限公司总经理邹刚、上海乐创益公平贸易发展促进中心总干事陈乐丛参加了调研。

9月24—25日，北京市发展公平贸易促进低收入农户增收试点工作组组织门头沟区试点农民专业合作社参加北京农联24公益集市。北京农联24集公益集市是由北京农联、北京大兴区亦庄经济开发区管委会、荣成街道办事处、新农优创联合主办的公益集市。北京布韵传奇手工编织专业合作社、北京绿纯金蜜蜂养殖专业合作社、北京法城蜜蜂养殖专业合作社，以及国际公平贸易组织认证的公平贸易产品渠道商北京菲翠贸易有限公司走进北京市大兴区亦庄金地格林小镇，为市民送去纯天然的蜜蜂产品、原创手工艺品、非洲的香槟酒、巴基斯坦的手工足球等产品。

10月26日，试点工作组邀请北京绿色思维农业咨询有限公司吴浩涛博士，在第十九届京台科技论坛农业合作论坛上为京郊200余名农民专业合作社带头人介绍《公平贸易帮助小农户合作发展的主要模式》。

11月9日，在北京市农研中心巡视员、北京城郊经济研究会副理事长兼秘书长张秋锦的带领下，试点工作组随第十九届京台科技论坛农业交流合作团考察了台北公平贸易协会，与中国台湾公平贸易协会理事进行了座谈，了解台北公平贸易城市建设情况。

2017 年

1月13日，为进一步推动公平贸易的发展，北京市发展公平贸易促进低收入农户增收试点工作组与公平贸易亚太地区联盟在北京举办"发展公平贸易助力农民增收——京合公平贸易联盟发起"活动。本次活动由北京市农村经济研究中心、北京市农民专业合作社联合会与公平贸易亚太地区联盟（NAPP）共同主办。

1月20日，北京市农研中心巡视员张秋锦带领调研综合处、史志处党支部代表赴门头沟区清水镇下清水村慰问低收入农户。同时，张秋锦带队调研了北京布韵传奇手工编织专业合作社和北京康依家商业连锁有限公司，走访了布韵传奇在下清水村的门店，以及康依家商业连锁有限公司在门头沟区葡东社区的社区店，了解他们在推广公平贸易理念和产品方面的工作进展情况。

1月24日上午，北京市农研中心合作社指导处副处长、北京市农民专业合作社联合会秘书长魏杰，调研综合处王丽红博士，公平贸易亚太地区联盟驻中国代表赵钧，北京农业投资公司农副产品交易所副总经理韩志华、物流部张园园，农业部王圣赴怀柔区聚源德老栗树板栗种植专业合作社调研，探讨合作开展公平贸易、发展板栗产业，促进低收入农户增收。

2月8日上午，北京市农研中心调研综合处王丽红博士，合作社指导处副处长、北京农联秘书长魏杰，北京农投副总经理、北京农副产品交易中心总经理米志广、北京农副产品交易中心副总经理韩志华，北京农副产品交易中心产品经理张金月，公平贸易亚太区联盟驻中国代表赵钧博士，赴北京市密云区农民合作社服务中心调研，与密云区农合中心副主任李长槐，密云区农合中心市场部部长吴成全，北京市云望农产品产销专业合作社社长王少云、北京明军板栗种植专业合作社社长王明军、北京金地达源果品专业合作社社长齐占军座谈。了解密云区板栗的发展情况，北京农投公司提出了在板栗市场化运作、帮助低收入村增产增收，帮助低收入村进行冷库等相关基础设施建设等方面的合作意向。

2月9日上午，北京市农研中心调研综合处王丽红博士，合作社指导处副处长、北京农联秘书长魏杰，公平贸易亚太区联盟驻中国代表赵钧博士，赴中国连锁经营协会，就合作开展公平贸易促进低收入农户增收与中国连锁经营协会副秘书长王洪涛进行了座谈，达成了以下合作意向：京合公平贸易联盟11月参与全国最大连锁业展会，宣传公平贸易理念。

2月15日上午，试点工作组陪同北京市妇联第24小组代表赴门头沟区清水镇下清水村北京布韵传奇手工编织合作社调研。北京市农委委员郝霞、北京市农研中心巡视员张秋锦、北京市农业职业学院工会主席李明非、北京农产品中央批发市场管委会工会主席芦秀丽、北京市农委社会管理处副处调研员张晓晓、杨帆，北京市农研中心调研综合处王丽红、工会彭彤参加调研。门头沟区农委体制改革科李婷，门头沟区清水镇副镇长陈广萍、清水镇经管站站长杨晓东陪同调研。

3月4日上午，北京市农研中心试点工作组与工会合作，在北京市农研中心一层报告厅开展了"公益三八品味生活"主题活动，邀请北京市发展公平贸易促进低收入农户增收试点合作社——北京布韵传奇手工编织专业合作社的理事长王慧芳，以及合作社巧娘张克芬、李玉荣、孟庆荣教大家学习趣味钩织技术。北京市农研中心党组成员、巡视员张秋锦，北京市农研中心组成员、北京市城乡经济信息中心主任刘军萍等领导出席了本次活动。

3月10日上午，试点工作组王丽红博士陪同北京市城乡经济信息中心总工程师白晨、采编处王晓丽，北京怀柔区渤海镇四渡河村第一村支部书记王彩虹、村民委员会主任赫文海等一行7人，赴门头沟区清水镇下清水村北京布韵传奇手工编织专业合作社调研。北京市门头沟区农委副主任杨志儒、经济发展科科长李保牙，清水镇经管站长杨晓军陪同调研。北京布韵传奇手工编织专业合作社理事长王慧芳及相关工作人员参加调研。

3月16日上午，北京市发展公平贸易促进低收入农户增收试点工作组邀请公平贸易亚太地区联盟驻中国代表赵钧博士、北京绿色思维农业咨询有限公司吴浩涛博士为准备加入国际公平贸易组织的4家试点农民专业合作社进行了培训。北京市农研中心合作社指导处副处长、北京农联秘书长魏杰，北京市农研中心调研综合处王丽红博士组织了培训会，北京农联秘书处郝苗苗参加了培训会。4家试点农民专业合作社分别为：北京聚源德老栗树种植专业合作社、北京京纯蜜蜂养殖专业合作社、北京果蔬脆农民专业合作社、北京聚隆农业农民专业合作社。

3月24日下午，公平贸易亚太地区联盟驻中国代表、世界银行农村发展与减贫高级顾问赵钧博士做客2017年第2期周末大讲堂（总第64期）暨第11期农研智库大讲堂，作题为《公平贸易与农民增收》的专题报告。本次大讲堂由北京市农村经济研究中心、北京市城郊经济研究会主办，北京市农研中心调研综合处、机关党委承办。北京市农研中心巡视员张秋锦、纪检组长戚书平、副巡视员熊文武出席了大讲堂，中心近100多名干部职工、外单位北京奥科美技术服务有限公司、菲翠贸易（北京）有限公司、社会资源研究所有关人员认真听取了报告。北京市农研中心调研综合处处长张英洪研究员主持了大讲堂。

3月25—26日，试点工作组组织北京市30余家农民专业合作社、公平贸易试点合作社和渠道商参加北京农联24集之2017春分觅桃花大集，积极向消费者宣传公平贸易理念和公平贸易产品。北京市委社会工委组织处处长王森林、北京市大兴区亦庄荣华街道办事处主任张鹏等出席此次活动，北京市农研中心合作社指导处副处长、北京农联秘书长魏杰，北京市农研中心调研综合处王丽红博士等负责组织此次活动。

3月29日下午，北京市发展公平贸易促进低收入农户增收试点工作组赴门头沟区调研。北京市农研中心调研综合处王丽红博士、菲翠贸易（北京）有限公司总经理张兴分别走访了北京康依家商业连锁有限公司、北京布韵传奇手工编织专业合作社门头沟城区巧娘工作室、北京法城蜜蜂养殖专业合作社。

4月5—7日，北京市农研中心巡视员张秋锦带领北京市发展公平贸易促进农民增收试点工作组赴江西省婺源县大鄣山乡茶农协会和溪头乡茶农协会实地走访调研。北京市农研中心调研综合处处长张英洪、主任科员王丽红，北京康依家商业连锁有限公司总经理邹刚，北京市溪谷咨询有限咨询师陈维隆参加了调研。

4月14—16日，北京市农研中心调研综合处处长张英洪研究员带队赴四川省巴中市参加生态农业与精准扶贫——第二届全国生态农业与农村可持续发展论坛。调研综合处刘雯、王丽红参加了本次论坛。王丽红副研究员作了《公平贸易与精准扶贫》的主题发言。

5月4日上午，北京市农研中心调研综合处王丽红，合作社指导处副处长、北京市农民专业合作社联合会秘书长魏杰，公平贸易亚太区联盟驻中国代表赵钧博士赴怀柔区渤海镇四渡河村对接在四渡河村试点的以公平贸易的方式开展板栗精准帮扶项目的筹备情况，试点工作组与渤海镇副书记孟德辉、四渡河村第一书记王彩虹、村民委员会主任赫文海共同探讨了当前项目筹备中面临土地流转、合作社建设等关键问题。

6月2日，北京市农研中心调研综合处王丽红博士，合作社指导服务处副处长、北京农联秘书长魏杰，与北京农业投资有限公司副总经理米志广、北京市农产品交易所副总经理韩志华、张金月，北京市农业投资有限公司新农村建设部副总经理赵民，北京康依家商业连锁有限公司总经理邹刚等人共同探讨了财政资金支持农民合作帮扶低收入农户的方案，以及北京发展公平贸易促进低收入农户增收的平台建设，初步确定由北京农联举办、由北京农业投资有限公司承办，筹备成立北京市京合公平贸易发展中心。

6月13日，国际公平贸易组织按照北京聚源德老栗树板栗种植专业合作社提出的板栗认证申请，制定发布了栗子公平贸易的标准。确认了全球公平贸易小农户合作社的公平贸易栗子的公平贸易返款率为销售价的15%。

6月15日，北京市农研中心巡视员张秋锦带队赴门头沟区清水镇下清水村北京布韵传奇手工编织合作社调研。北京市农业投资有限公司原总经理张凤林、北京市农业投资公司副总经理韩琨、北京奥科美技术服务有限公司副总经理张富、北京康依家商业连锁有限公司总经理邹刚、北京市农研中心合作社指导处副处长、北京农联秘书长魏杰，北京市农研中心调研综合处王丽红、城乡发展处赵雪婷参加了调研。王慧芳理事长陪同调研。

6月19日下午，北京市发展公平贸易促进低收入农户增收试点工作组召开专家研讨会，对京合公平贸易VI设计的样稿进行了专家座谈。北京市农研中心调研综合处王丽红、新农创公司设计师陈鹏、资深设计师孙建中、东方恒美广告公司企创总监王利、骏辉集团市场总监陈颉参加了研讨会。

6月30日上午，北京市农研中心巡视员张秋锦带领调研综合处党支部全体党员、北京布韵传奇手工编织专业合作社陈良敬、北京菲翠贸易有限公司总经理张兴，赴房山区长阳镇开展"党员活动日"活动。

8月11日上午，北京市农研中心巡视员张秋锦带队赴北京农业投资有限公司与刘京川总经理就北京发展公平贸易促进低收入农户增收试点进行座谈。会议地点为北京农投会议室，北京市农研中心合作社指导处副处长、北京农联秘书长魏杰，调研综合处王丽红，菲翠贸易（北京）有限公司总经理张兴，北京康依家商业连锁有限公司总经理邹刚，北京市农业投资有限公司副总经理米志广，战略总监郝蕴祥，北京康安农业发展有限公司总经理严肃京，国际贸易部部门经理周川，北京农副产品交易所有限责任公司交易部部门经理张金月参加了座谈。

8月28日下午，北京市农研中心合作社指导处副处长、北京农联秘书长魏杰，调研综合处王丽红博士、公平贸易亚太区驻中国代表赵钧做客首都之窗栏目，讲述了国际公平贸易运动是如何帮助贫困人口减贫的、又是如何保障消费者权益的，北京市发展公平贸易促进低收入农户增收试点情况，北京农联24公益集市让市民感知农业等。

9月9日，在第20届京台科技论坛乡村论坛上，北京市农研中心调研综合处王丽红组织开展京台青农沙龙活动，邀请中国香港公平贸易联盟代表、菲翠贸易有限公司总经理张兴介绍了中国台湾茧裏子发展公平贸易的典型案例，北京聚源德老栗树板栗种植专业合作社的经理李思鹏介绍了该合作社参与国际公平贸易认证的体会和经验。北京农联相关合作社30位代表参加了沙龙活动。

9月23日，北京农投公司下属的北京康安有限公司在怀柔渤海镇四渡河村试点以公平贸易理念优质优价收购板栗的开秤仪式，北京农投董事长、北京城乡信息中心主任刘军萍等领导出席了本次活动。

10月10日，北京市发展公平贸易促进低收入农户增收试点工作组王丽红博士与北京绿色思维农业咨询有限公司吴浩涛博士、国际公平贸易亚太区驻中国代表赵钧博士在中心609室召开试点工作座谈会，推动试点合作社认证国际公平贸易标准。

10月20日，北京市发展公平贸易促进低收入农户增收试点工作组王丽红博士、北京绿色思维农业咨询有限公司吴浩涛博士赴怀柔区渤海镇渤海所村为北京聚源德老栗树板栗种植专业合作社、北京京纯蜜蜂养殖专业合作社做国际公平贸易认证现场辅导。

10月26—31日，国际公平贸易认证组织派审计专员Aparna对北京京纯蜜蜂养殖专业合作社、北京聚源德老栗树板栗种植专业合作社两家农民专业合作社进行了现场审计，两家合作社顺利通过审计并获得认证。试点工作组推动了国际公平贸易组织以北京聚源德老栗树板栗种植专业合作社的板栗为参照系，制定了全球板栗公平贸易标准，这将使全世界板栗种植的小农户获益。

11月2—6日，北京市农研中心巡视员张秋锦带队赴云南省文山州开展公平贸易茶叶与产业扶贫专题调研。调研综合处王丽红、北京康依家商业连锁有限公司总经理邹刚、北京康依家生态专业合作社经理王同明参加调研。

11月21—24日，试点工作组带领试点合作社参加国际公平贸易亚太地区小生产者合作社培训会。北京市农研中心调研综合处王丽红在上海广电中心与参会的公平贸易合作组织、志愿者等分享了北京市发展公平贸易促进低收入农户增收试点工作的主要做法和经验体会。

12月15日，北京市农研中心2017年《北京市发展农民合作促进低收入农户增收试点》工作评估报告会在会议室505召开。参加会议的专家有中国社会科学院农村发展研究所研究员苑鹏、中国农业科学院农业资源与农业区划研究所研究员尤飞、北京农商行经理罗玉荣、北京市委研究室农村处副处长张侃。评估专家组组长是中国农业科学院农业资源与农业区划研究所研究员尤飞。北京市农研中心党组成员、副主任曹四发出席了评估会，北京市农研中心调研综合处处长、研究员张英洪主持了评估会，试点执行人王丽红博士作了试点工作汇报。专家组一致同意该试点工作完成情况为优秀。

2018年

3—12月，北京市农村经济研究中心农民专业合作社指导处、调研综合处，北京市农民专业合作社联合会开展了"北京市发展公平贸易促进合作社规范发展研究"。

4月16日，北京市农村经济研究中心"北京市发展公平贸易促进合作社规范发展研究"课题组召开了"公平贸易在助力农民增收中作用及推广方式"交流会，课题组及相关试点合作社与比利时乐施会出口经理 Johnny Devisscher、乐施会中国香港办公室梁佩凤就公平贸易发展进行了交流。北京市农研中心调研综合处博士、副研究员王丽红介绍了北京发展公平贸易促进低收入农户增收试点工作的经验与成效，北京老栗树聚源德种植专业合作社、北京京纯养蜂专业合作社、北京布韵传奇手工编制专业合作社负责人分享了他们参与公平贸易的心得体会。北京市农研中心合作社指导服务处副处长、北京农联秘书长魏杰主持会议。会议还邀请了国际公平贸易亚太区驻中国高级顾问赵钧博士，北京市委社会工委社会组织处处长王森林，北京市对口支援合作促进会秘书长杨兆科，北京市农业投资有限公司副总经理米志广，北京市农业投资有限公司新农村发展部经理冯东阳，北京市咖啡行业协会办公室主任李静，农业农村部《农产品市场周刊》编辑周圆圆。

12月18日，农民日报发表题为《当 Fair Trade 遇上中国小农户》文章，对北京市农村经济研究中心合作社指导服务处副处长、北京农联秘书长魏杰，国际公平贸易亚太区驻中国高级顾问赵钧博士，北京发展公平贸易促进低收入农户增收试点单位——北京老栗树聚源德种植专业合作社新农人李思鹏等进行了专访。

参考文献

阿布都热合曼·阿布迪克然木，饶芳萍，马贤磊，等，2022. 协同型基层治理对农户参与水土保护设施集体管护的影响 [J]. 资源科学，44（10）：1949-1963.

陈靖，冯小，2019. 农业转型的社区动力及村社治理机制：基于陕西D县河滩村冬枣产业规模化的考察 [J]. 中国农村观察（1）：2-14.

陈荣卓，翁俊芳，2019. 深度贫困地区农村社区治理的逻辑策略与经验启示：以云南省怒江州为例 [J]. 中国矿业大学学报（社会科学版），21（2）：59-69.

陈卫强，杨志龙，2024. 中国式小农相对贫困治理的现代化路径研究 [J]. 农业经济（5）：102-104.

陈宗胜，沈扬扬，周云波，2013. 中国农村贫困状况的绝对与相对变动：兼论相对贫困线的设定 [J]. 管理世界（1）：67-75.

崔海龙，2015. 购买公平贸易产品的因素分析 [J]. 现代经济信息（1）：135-136.

董研林，郭小平，任欣，2016. 包容性增长视域下西部民营经济可持续发展的路径选择 [J]. 西安财经学院学报，29（2）：125-128.

杜晓山，孙同全，宁爱照，2020. 联合国对华减贫合作40年回顾与思考 [J]. 农村金融研究（5）：30-37.

杜志雄，肖卫东，詹琳，2010. 包容性增长理论的脉络、要义与政策内涵 [J]. 中国农村经济（11）：4-14.

范明，2013. 北京农业政策的发展与演变（1949—2010）[M]. 北京：中国农业出版社：191.

方秋平，代云云，徐翔，2011. 基于组织视角的安全蔬菜生产者道德风险分析：以江苏省为例［J］．南京农业大学学报（社会科学版）（1）：44-50．

甘颖，2021．乡村振兴背景下小农户对接电商市场的特点、难点与机制［J］．中国流通经济，35（10）：21-29．

高欣月，陈秉谱，莫琪江，2024．小农户与现代农业产业发展有机衔接的问题及路径研究：基于敦煌市葡萄种植区调研［J］．中国果树（4）：142-147．

高雪莲，2024．嵌入视角下小农户与现代农业的有机衔接：以河北省G村内生型服务组织的农技推广过程为例［J］．西北农林科技大学学报（社会科学版），24（4）：35-44．

管春英，2016．当代政治经济学视角下包容性发展的理论思考［J］．技术经济与管理研究（7）：109-112．

何军，王越，2020．小农户与现代农业衔接机制及风险管理分析［J］．现代经济探讨（11）：128-132．

何宇鹏，武舜臣，2019．连接就是赋能：小农户与现代农业衔接的实践与思考［J］．中国农村经济（6）：28-37．

黄可人，2016．包容性增长理念下我国农村贫困的缓解［J］．商业经济研究（5）：157-159．

靳雯，吴春梅，2022．小农户与现代农业有机衔接背景下的农民经济互助研究［J］．农村经济（7）：1-9．

李炳炎，王冲，2012．包容性增长：基于相对贫困视角下的探析［J］．中国流通经济，26（9）：49-54．

李海，刘辉，2023．禀赋差异视阈下小农户参与农业基础设施治理的行为分析［J］．农业经济与管理（2）：98-109．

李健，郭静远，2017．公平贸易社会企业：发展历程、多元特征与治理逻辑［J］．中国第三部门研究，14（2）：42-59．

李勤，2017．包容性增长视角下陕西旅游业发展水平研究［J］．统计与信息论坛，32（12）：107-115．

联合国开放计划署，中国国际扶贫中心，中国农研科学院海外农研研究中心，2018．国际减贫理念与启示［M］．北京：团结出版社．

林万龙，米晶，2023．县域包容性增长测度及其对乡村振兴的启示［J］．自然资源学报，38（8）：2117-2134．

刘坚，李小云，刘福合，2009. 中国农村减贫研究［M］. 北京：中国财政经济出版社.

刘婧，向华，2013. 公平贸易理念对中国农业产业中农户合作的启示［J］. 贵州农业科学，41（5）：194-198.

刘林，杨龙，吴本健，2011. 借鉴公平贸易理念在贫困地区实施扶贫互助贸易［J］. 中国农学通报（20）：172-177.

刘明月，陈菲菲，汪三贵，等，2019. 产业扶贫基金的运行机制与效果［J］. 中国软科学（7）：25-34.

刘明月，汪三贵，2020. 产业扶贫与产业兴旺的有机衔接：逻辑关系、面临困境及实现路径［J］. 西北师大学报（社会科学版），57（4）：137-144.

刘祥琪，贾瑞阳，李蓓蓓，2024. 小农户与现代农业有机衔接的影响因素分析［J］. 安徽农业科学，52（15）：215-220，228.

刘湘辉，周温茹，孙艳华，2021. 包容性增长视角下公平贸易组织参与供应链扶贫研究：以古丈盘草村茶叶发展为例［J］. 湖南农业大学学报（社会科学版），22（1）：18-26.

刘亚军，2018. 互联网使能、金字塔底层创业促进内生包容性增长的双案例研究［J］. 管理学报，15（12）：1761-1771.

刘源，2016. 精准扶贫视野下的国际非政府组织与中国减贫：以乐施会为例［J］. 中国农业大学学报（社会科学版），33（5）：99-108.

龙晓枫，田志龙，2010. 影响消费者行为的规范理性［J］. 湖南大学学报（社科版），24（5）：69-74.

吕珂昕，2019. 当"公平贸易"遇上中国小农户［J］. 农村·农业·农民（A版）（1）：41-43.

马述忠，2007. 农产品公平贸易标识及其潜在收益与获取条件［J］. 世界农业（9）：15-18.

梅琳，吕方，2015. 新社会经济运动：非政府组织与私营标准：基于公平贸易标签组织（FLO）案例的讨论［J］. 福建论坛（10）：141-147.

莫秀蓉，曲谱，2023. 共同富裕背景下的农村相对贫困治理研究［J］. 福建农林大学学报（哲学社会科学版），26（6）：29-35.

潘璐，2021. 村集体为基础的农业组织化：小农户与现代农业有机衔接的一种路径[J].中国农村经济(1):112-124.

曲承乐,任大鹏,2019.农民专业合作社的价值回归与功能重塑:以小农户和现代农业发展有机衔接为目标[J].农村经济(2):9-16.

曲如晓,赵方荣,2009.国际公平贸易运动:一个南北贸易的新潮流[J].国际贸易问题(10):123-128.

任迎伟,林海芬,2009.道德消费理论视角下的国际公平贸易运动机理研究[J].当代财经(3):96-102.

沈扬扬,2012.收入增长与不平等对农村贫困的影响:基于不同经济活动类型农户的研究[J].南开经济研究(2):131-150.

苏芳,常江波,范冰洁,等,2023.多维视角下相对贫困治理的中国探索[J].中国软科学(11):66-73.

苏芳,范冰洁,黄德林,等,2021.后脱贫时代相对贫困治理:分析框架与政策取向[J].中国软科学(12):73-83.

覃志敏,陆汉文,2021.细分式组织化:小弱农户和现代农业发展有机衔接的具体路径:以广西两个脱贫村的农业发展为例[J].江汉论坛(11):125-131.

檀学文,东梅,欧阳鑫,等,2024.新时期反贫困研究新进展:"反贫困理论创新"国际研讨会综述[J].中国农村经济(6):173-184.

汪三贵,胡骏,2020.从生存到发展:新中国七十年反贫困的实践[J].农业经济问题(2):4-14.

汪三贵,马兰,孙俊娜,2024.从绝对贫困到共同富裕:历史协同、现实基础与未来启示[J].贵州社会科学(2):148-155.

王杰,钱龙,刘畅,2024.数字乡村发展与农户相对贫困:理论机制与经验证据[J].电子政务(12):1-16.

王丽红,张然,2018.国际公平贸易实现精准扶贫的机制与成效[J].中国经贸导刊(理论版)(5):32-34.

王蔷,曾旭晖,骆希,2021.从生产到市场:小农户迈向现代农业的路径研究:基于中国扶贫基金会善品公社的实践案例[J].农村经济(1):39-45.

王瑞,龙婷玉,2024.消费帮扶促进小农户和现代农业发展有机衔接的机制研究［J］.经济研究参考（6）：44-57.

王亚华，舒全峰，2021.公共事物治理的集体行动研究评述与展望［J］.中国人口·资源与环境，31（4）：118-131.

王瑷瑷，2013.中国需要公平贸易［J］.生产力研究（9）：57-59.

魏后凯，2018.2020年后中国减贫的新战略［J］.中州学刊（9）：36-42.

文雁兵，2015.包容性增长减贫策略研究［J］.经济学家（4）：82-90.

吴重庆，2020.小农户视角下的常态化扶贫与实施乡村振兴战略的衔接［J］.马克思主义与现实（3）：8-15.

仙珠，施敏靓，2023.新时代妇女反贫困实践的经验启示：基于2012—2021年相关文献的梳理［J］.中共南京市委党校学报（1）：54-61.

谢静，吴昊，2009.全球化背景下的道德消费［J］.国际经济合作（8）：69-71.

新华社，2002.北京规划构建农产品市场流通体系［J］.农村天地（6）：12.

熊磊，胡石其，2019.小农户和现代农业发展有机衔接的路径找寻：重庆案例［J］.当代经济管理，41（7）：31-37.

徐勤航，高延雷，诸培新，2023.小农户组织化获取农业生产性服务与收入增长：来自微观农户调查的证据［J］.农村经济（1）：117-126.

徐旭初，吴彬，2018.合作社是小农户和现代农业发展有机衔接的理想载体吗？［J］.中国农村经济（11）：80-95.

叶红梅，2023.社会组织蓝皮书：我国慈善组织与新时代发展要求还有一定差距［N/OL］.新京报，2023-11-05.https：//cj.sina.com.cn/articles/view/1644114654/61ff32de02001pswt.

叶楠，吕雪滢，冯心虞，2019.论乡村振兴战略视角下农民受金融排斥问题：基于湖北省云梦县的实地调研［J］.决策与信息（9）：106-114.

于海龙，胡凌啸，林晓莉，2022.小农户和现代农业有机衔接需要何种媒介［J］.经济学家（9）：108-118.

张乾，2015. 公平贸易及其对中国农业的启示［J］. 当代经济（32）：64-65.

张倩，牛荣，2021. "小额信贷+产业链"：小农户衔接现代农业的新路径：宁夏"盐池模式"的实践经验［J］. 西安财经大学学报，34（3）：92-101.

张强，1997. 北京市蔬菜流通的现状及建议［R］. 北京市农村经济研究中心调研参考资料汇编（1993—1996）：145，160.

张腾，蓝志勇，秦强，2018. 中国改革四十年的扶贫成就与未来的新挑战［J］. 公共管理学报，15（4）：101-112，154.

张文茂，2009. 京郊农村改革30年研究［M］. 北京：中国农业科学技术出版社：51，52-53.

张益丰，颜冠群，2021. 农产品交易市场能成为小农户与现代农业有机衔接的载体吗：基于供应链学习理论的案例比较［J］. 农业经济问题（12）：69-80.

赵黎明，吴守荣，王兢，等，2010. 建设北京市高水准农产品流通体系［J］. 北京农业（21）：1-4.

周温茹，2020. 公平贸易组织认证、包容性增长与供应链扶贫研究［D］. 长沙：湖南农业大学.

朱萌，2023. 弱有善扶视角下的相对贫困治理：生成逻辑、现实困境和对策建议［J］. 南京工程学院学报（社会科学版），23（3）：24-32.

朱萌，2024. 共同富裕背景下我国女性相对贫困的现状、成因及治理［J］. 社会工作与管理，24（4）：76-85.

左停，李卓，赵梦媛，2019. 少数民族地区贫困人口减贫与发展的内生动力研究：基于文化视角的分析［J］. 贵州财经大学学报（6）：85-91.

左停，王立全，2009. 贫困地区村庄治理中农民参与的"矛盾"映像：宁夏王平乡实证调查［J］. 调研世界（7）：26-28.

AJZEN I, 1985. From intentions to actions: A theory of planned behavior.//Kuhl J, Beckman J, Action-control: From cognition to behavior: 11-39.

ANA C D, SARAH M, 2014. A Survey of the economics of fair trade

[R]. IZA Discussion Papers, No. 8167.

ANDERSON W T, CUNNINGHAM W H, 1972. The socially conscious consumer [J]. Journal of Marketing, 36 (3): 23-31.

BACON C, 2005. Confronting the coffee crisis: Can fair trade, organic and speciality coffees reduce small-scale farmer vulnerability in Northern Nicaragua [J]. World Development (33): 497-511.

BECCHETTI L, COSTANTINO M, 2006. The effects of fair trade on affiliated producers: An impact analysis on Kenyan farmers [J]. World Development, 36 (5): 823-842.

BESKY S, 2014. The labor of terroir and the terroir of labor: Geographical indication on Darjeeling tea plantations [J]. Agriculture and Human Values, 31 (1): 83-96.

BESKY S, 2015. Agricultural justice, abnormal justice? An analysis of fair trade's plantation problem [J]. Antipode, 47 (5): 1141-1160.

BEUCHELT T D, ZELLER M, 2011. Profits and poverty: Certification's troubled link for Nicaragua's organic and fair trade coffee producers [J]. Ecological Economics, 70: 1316-1324.

BEZENCON V, SAM B, 2009. Fair trade managerial practices: Strategy, organisation and engagement [J]. Journal of Business Ethics, 90 (1): 95-113.

CAROLE P, 1970. Participation and democratic theory [M]. Cambridge: Cambridge University Press.

CHAMBERS R, CONWAY G, 1992. Sustainable rural livelihods: Practical concepts for the 21st century, IDS Discussion Paper 296 [R]. Brighton: Institute of Development Studies.

CHATZIDAKIS A, KASTANAKIS M, STATHOPOULOU A, 2016. Socio-cognitive determinants of consumers' support for the fair trade movement [J]. Journal of Business Ethics, 133 (1): 95-109.

CHIPUTWA B, MATIN Q, SPIELMAN D J, 2013. Food standards, certification, and poverty among coffee farmers in Uganda [R]. Georg-August-University of Göttingen.

CORA D, 2003. Environmental and social standards, certification and labelling for cash crops [R]. Rome: Food and Agricultural Organization of the United Nations.

ELEFTHERIA J L, 2014. ICTs and ethical consumption: The political and market futures of fair trade [J]. Futures, 62: 164-172.

ELENA F, EVA M, 2006. Influence of personality on ecological consumer behavior [J]. Journal of Consumer Behaviour, 5 (3) : 167-181.

ERNESTO M V, BACON C M, OLSON M, et al. , 2010. Effects of fair trade and organic certifications on small-scale coffee farmer households in central America and Mexico [J]. Renewable Agriculture and Food Systems, 25 (3): 236-251.

EVA-MARIE M, DAVID J S, MATIN Q, 2017. Trading off nutrition and education? A panel data analysis of the dissimilar welfare effects of organic and fair trade standards [J]. Global Food Discussion Papers, 90.

FARNWORTH C, GOODMAN M, 2006. Growing ethical networks: The fair trade market for raw and processed agricultural products. Background paper for the World Development Report 2008 [R]. World Bank.

FRANCESCONI G N, RUBEN R, 2014. FairTrade's theory of change: An evaluation based on the cooperative life cycle framework and mixed methods [J]. Journal of Development Effectiveness, 6 (3): 268-283.

FRASER N, 2009. Scales of justice: Reimagining political space in a globalizing world [M]. New York: Columbia University Press.

GARETH R T, 2015. White, anthony samuel. Fairtrade and halal food certification and labeling: Commercial lessons and religious limitations [J]. Journal of Macromarketing, 12: 1-12.

GEOFF M, 2004. The fair trade movement: Parameters, issues and future research [J]. Journal of Business Ethics, 53 (1): 73-86.

HAINMUELLER J, HISCOX M J, SEQUEIRA S, 2011. Consumer demand for the Fair Trade Label: Evidence from a Multi-Store Field Experiment [J]. Review of Economics & Statistics, 97 (2): 242-256.

HEJKRLÍK J, MAZANCOVÁ J, FOREJTOVÁ K, 2013. How effective is

Fair Trade as a tool for the stabilization of agricultural commodity markets? Case of coffee in the Czech Republic [J]. Agricultural Economics, 59 (1): 8-18.

Hulm P, 2006. Fair Trade [J]. International Trade Forum, 2.

JEANINE P, WERNER M J, 2013. Consumer behavior anlaysis of fair trade coffee: Evidence from field research [J]. The Psychological Record, 63: 363-374.

KIRCHGASSNER G, 1996. Bemerkungen zur Minimalmoral [J]. Zeitschrift für Wirtschafts- und Sozialwissenschaften, 116: 223-251.

KIRCHGASSNER, G, 1992. Towards a theory of low-cost decisions [J]. European Journal of Political Economy, 8: 305-320.

LADHARI R, TCHETGNA N M, 2017. Values, socially - conscious behavior, and consumption emotions as predictors of Canadians' intent to buy Fair Trade products [J]. International Journal of Consumer Studies.

LAURA T R, 2009. Mainstreaming fair trade coffee: From partnership to traceability [J]. World Development, 37 (6): 1083-1093.

LEACH M, MEARNS R, SCOONES I, 1999. Environmental entitlements: Dynamics and instituion community-based natural resource management [J]. World Development, 27 (2): 225-247.

LEKAKIS E J, 2014. Reading between the digital lines: Narrating the political rhetoric of ethical consumption//Cintron R, Hariman R. Power, rhetoric and political culture: The texture of political action [M]. Oxford: Berghahn Books.

LYON S, 2011. Coffee and community: Maya farmers and Fair-trade Markets [M]. Boulder, Colorado: University Press of Colorado.

LYON S, AILSHIRE S, SEHON A, 2014. Fair trade consumption and the limits to solidarity [J]. Human Organization, 73 (2): 141-152.

MARIE C R, 2003. Fairtrade: Quality, market and conventions [J]. Journal of Rural Studies, 1: 91-110.

MILFORD A, 2004. Coffee, cooperatives and competition: The impact of fair trade. The Michelsen Institute Development Studies and Human

Rights [R]. Bergen, Norway.

MOBERG M, 2005. Fair trade and Carribbean banana farmers: Rhetoric and reality in anti-globalization movement [J]. Human Organization, 64 (1): 4.

MUHYIDDIN N T, MISKIYAH N, 2017. Rural urban linkages, fair trade and poverty in rural urban fringe [J]. European Research Studies, 20 (2): 265-280.

MURRAY D, RAYNOLDS L T, TAYLOR P L, 2003. One cup at a time: Poverty alleviation and fair trade coffee in Latin America [R]. Fair Trade Research Group, Colorado State University.

MÉNDEZ V E, CHRISTOPHER M B, et al., 2010. Effects of Fair Trade and organic certifications on small-scale coffee farmer households in Central America and Mexico [J]. Renewable Agriculture and Food Systems, 25 (3): 236-251.

PATEMAN C, 1970. Participation and democratic theory [M]. Cambridge: Cambridge University Press.

PEREZGROVAS V, CERVANTES E, 2002. Poverty alleviation through participation in Fair Trade Coffee Networks: The Case of Union Majomut, Chiapas, Mexico [J/OL]. http://www.colostate.edu/Depts/Sociology/FairTradeResearchGroup (April 2006).

RAYNOLDS L T, 2014. Fairtrade, certification, and labor: Global and local tensions in improving conditions for agricultural workers [J]. Agric Hum Values, 31: 499-511.

RAYNOLDS L T, MURRAY D, TAYLOR R L, 2004. Fair trade coffee: Building producer capacity via global networks. Journal of International Development, 16: 1109-1121.

RICHARD D, RICHARD H, 2003. An information systems perspective on ethical trade and self-regulation [J]. Information Technology for Development, 10: 123-138.

RIOS K, FINKELSTEIN S R, LANDA J, 2015. Is there a "fair" in fair-trade? Social dominance orientation influences perceptions of and preferences for fair-trade products [J]. Journal of Business Ethics, 130

(1): 171-180.

RONCHI L, 2002. The impact of fair trade on producers and their organizations: A case study with Coocafe in Costa Rica [R]. Prus Working Paper No. 11, University of Sussex.

SALVADOR R O, MERCHANT A A, ALEXANDER E A, 2014. Faith and fair trade: The moderating role of contextual religious salience [J]. Journal of Business Ethics, 121 (3): 353-371.

SHAW D, CLARKE I, 1999. Belief formation in ethical consumer groups: An exploratory study [J]. Marketing Intelligence and Planning, 17 (2): 109-119.

SKALIDOU D, 2015. The impact of Fair Trade: A literature review with a systematic approach of the existing evidence [J]. Food Studies an Interdisciplinary Journal, 5 (4): 1-22.

STEINRUCKEN T, SABASTIAN J, 2007. The Fair Trade idea: Towards an economics of social label [J]. Journal of Consumer Policy, 30 (3): 201-17.

STRONG C, 2015. The role of fair trade principles within sustainable development [J]. Sustainable Development, 5 (1): 1-10.

TAYLOR P L, 2005. A Fair Trade approach to community forest certification? A framework for discussion [J]. Journal of Rural Studies, 21: 433-447.

UTTING-CHAMORRO K, 2005. Does fair trade make a difference? The case of small coffee producers in Nicaragua [J]. Development in Practice, 15: 584-599.

YAMOAH F A, DUFFY R, DAN P, et al., 2016. Towards a framework for understanding Fairtrade Purchase Intention in the mainstream environment of supermarkets [J]. Journal of Business Ethics, 136 (1): 181-197.

后　　记

本书是笔者在北京市农村经济研究中心开展"北京市发展公平贸易促进农民增收试点工作"项目的基础上形成的。该项目开展于2016—2018年，笔者作为试点项目的执行人，通过传理念、搭平台、定标准、拓市场、促提升等途径，探索了以市场机制帮扶低收入农户持续增收的新路径。从推广公平贸易理念、促进农民专业合作社规范发展和带动农民增收，以及提高农民参与治理的意识和能力等方面来看，试点工作获得了实实在在的社会效益。2018年试点项目结束后，笔者仍持续关注公平贸易在中国的发展与实践进展，持续跟踪试点农民专业合作社的发展及其参与公平贸易的情况，对公平贸易以市场为导向的持续性减贫实践有了更进一步的认识。特别是在新冠疫情期间，公平贸易在世界和中国的发展并未受到实质性影响，反而是进行公平贸易认证的中国农民专业合作社在逐年增加，由2017年的17家增加到2023年的28家。与此同时，由于市场需求的变化，我国农民专业合作社涉及的品类从2017年的茶叶、咖啡、蜂蜜、坚果、棉花逐步调整为茶叶、咖啡、生姜，蜂蜜和坚果退出了公平贸易认证，通过试点推动的蜂蜜和板栗公平贸易认证，由于试点农民专业合作社并不专注于国际市场，也在试点结束后2年左右停止缴纳认证费而退出了公平贸易认证，而江西婺源县的茶叶农民专业合作社已经持续开展公平贸易认证20余年。

2022年7月笔者有幸加入中国农业科学院农业经济与发展研究所乡村治理与发展创新团队，专心致力于乡村发展与治理的研究工作，参加了所级重点项目"脱贫攻坚与乡村振兴有效衔接的理论与政策研究"、农业农村部技术支撑项目"县乡村联动推进乡村治理"、国家乡村振兴局软科学课题"乡村治理体系建设"等研究课题，深入湖北省秭归县和五峰县、湖南省石门县和永顺县、广西壮族自治区百色市和德保县、河北省平山县、重庆市巫山县等国家重点帮扶县调研，进一步强化了对消费扶贫、小农户通过组织起来实现减贫增收的必要性认识，深化了对公平贸易促进乡村善治作用的认识，为完善本书稿提供了更加丰富的理论和现实依据。

虽然公平贸易在中国的市场规模仍然非常小，发展速度也比较慢，带动中国小农户进入国际大市场的总量也不多，但其提供的一套以市场为主导、第三方组织为平台和纽带的规范、持续的帮扶小农户全面减贫增收的运行机制，对我国消费扶贫模式是一种有价值的借鉴，并为推进农民专业合作社规范发展和建立联农带农机制提供有益参考。期望本书能够为推进小农户稳定减贫增收提供可借鉴的国际经验，并为有意愿加入公平贸易减贫的农民专业合作社和公平贸易商提供有益帮助。

感谢北京市农村经济研究中心领导的信任，让我有机会作为执行人持续3年开展"北京市发展公平贸易促进农民增收试点工作"项目，诚挚感谢郭光磊、张秋锦、刘军萍、熊文武、张英洪、魏杰、刘雯等领导和同事在试点工作中给予的支持和帮助！感谢赵钧、吴浩涛、陈乐丛、梁佩凤、张兴、俞京红、余光中等公平贸易推动者和参与者对国内外公平贸易减贫实践的生动阐释！感谢试点工作中张凤林、米志广、王慧芳、邹刚、李思鹏、赫文海等试点单位负责人给予的大力支持！书中国际案例部分得到赵钧博士的帮助和支持，上海乐创益的公平贸易实践吸收了陈乐丛对乐创益的工作总结，在此特别致谢！通过这项探索性试点工作，进一步深化了公平贸易的理论与实践认识，进一步清晰了公平贸易发展面临的障碍及这一国际经验本土化的困难，同时有幸结识了很多甘于奉献、乐于助农的具有高尚品格的仁人志士，他们心中的光不仅照亮了我的生活，也坚定了我持续探索符合中国特点的小农户减贫增收机制和实现乡村善治的有效路径的农研梦想。诚挚感谢一路走来我遇到的所有"助梦人"！特别感谢我的博士生导师田志宏教授对我持续不断地帮助和悉心指导！诚挚感谢陈萌山书记、袁龙江所长、赵一夫研究员对我的大力支持和鼓励！感谢中国农业科学院农业经济与发展研究所领导对我的关心指导以及对本书的资助！感谢审稿人对本书深化研究提出的中肯建议！感谢中国农业科学技术出版社为本书的出版付出的辛勤劳动！

本书仅代表个人观点，由于笔者学识和能力有限，本书难免存在不足和疏漏，真诚希望得到广大读者朋友的批评和指正！

王丽红
2024年10月